mountain climbing technique bible

安心！山のぼりバイブル

樋口英子 監修

旬の山

山登りの醍醐味は、自然を満喫できることです。日本の自然は四季により様々な姿に変わります。また、気候によって登山の内容も変わります。一年で美しい時期は山それぞれ。つまり、一番美しい時期の山を訪れることが、山登りを楽しむための第一歩と言えるでしょう。

春

大菩薩嶺
5月

夏

北アルプス
8月

秋
奥多摩(八甲田山)
11月

冬

北八ヶ岳
1月

春夏秋冬
それぞれの魅力

春

新緑は5～6月がベストシーズン

低山では1月頃から新芽を発見し、春を感じることがありますが、多くの山は4月になってからが春本番。麓の桜が散り始めると、新芽が息吹き、徐々に新緑が濃くなってきます。高山では5月でもまだ雪の世界。時として吹雪となることすらあります。尾根筋の雪が消える6月中旬以降に遅い春がやってきます。

夏

梅雨が明けたらハイシーズン

登山は夏場がハイシーズンと言われています。これは天候や気候のコンディションがよい日が多く、また、高山でも雪が解けて比較的上りやすくなっているからです。乾いた空気の中で高山植物を楽しむのは格別で、山のスケールを存分に味わうことができます。太陽が出ていない場合、夏とは言えども高山の気温は低いので注意。

秋

ハイキング、登山で楽しむ紅葉

澄んだ空気、高い空の下、山が燃えんばかりに赤く染まる秋の山。紅葉は高山では10月がピークで、ハイキング感覚で上れる山なら11月下旬まで楽しめます。どの山も赤色や黄色のグラデーションが美しく、秋の草花も彩りを加えます。また、山の歩き、山登りと一緒に、温泉に入ったり、旬の山料理を堪能したりするのも醍醐味です。

冬

雪山と視界が開ける

雪山での登山は、天候により吹雪きなどの過酷な状況になることがあります。しかし、晴れた日は、白い雪に陽光がきらめく銀世界がひらけ、それは、雪山を訪れた者のみが味わえる特権です。雪山を避けたいという人は、低山の乾いた空気の中での登山を楽しむとよいでしょう。人が少ないので静かに山を堪能できます。

はじめに

「山登り」が好きになれるかどうかは、最初の山登りの印象で左右します。旬の山で安全に楽しく登山ができれば、どんどん山にのめり込んでいくことでしょう。

山といっても、標高、自然、登山コースなど、それぞれ違い、登山の方法も変わります。その山に合った、また、自分の体力に合った歩き方や、プランの立て方、装備の内容などを覚えることによって、「登山」が好きになれるはずです。

山を楽しく歩き、正しく遊ぶことが、何よりも山登りの魅力です。

大菩薩嶺
5月

大菩薩嶺
5月

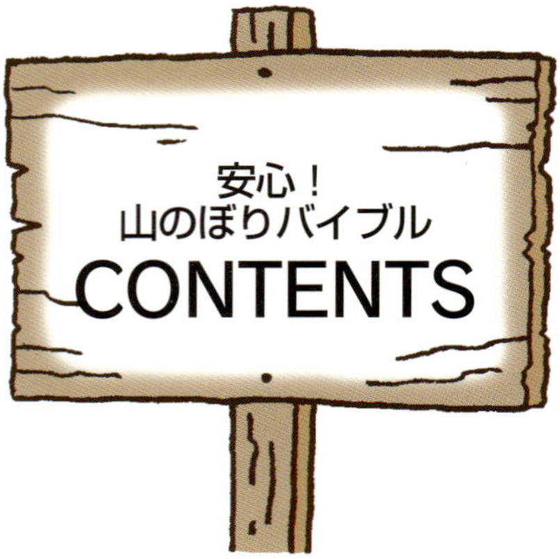
安心！
山のぼりバイブル
CONTENTS

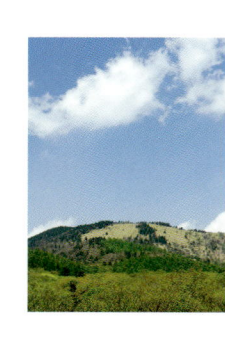

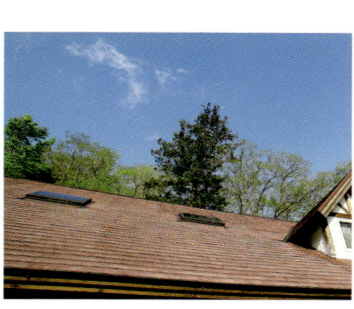

コラム

本書の使い方

登山ガイド者のアドバイス付き

実践形式で登山の流れを紹介

ポイントやコツを簡潔に紹介

山の状況を写真をふんだんに使って紹介

各ポイントを簡潔に説明

文章で内容を分かりやすく説明

やりがちなNG例を出して比較

プロセス写真で具体的に説明

ステップアップ形式

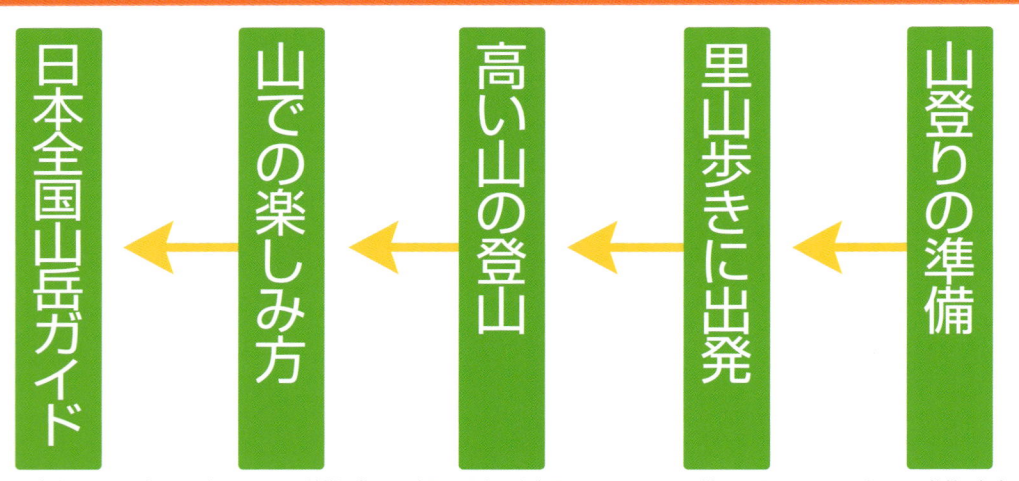

山登りの準備 ← **里山歩きに出発** ← **高い山の登山** ← **山での楽しみ方** ← **日本全国山岳ガイド**

- 山登りの準備：ウエアや装備の紹介から、山の種類、プラン、基本の歩き方などを紹介。
- 里山歩きに出発：マナー、様々な場所での歩き方、休憩や食事など、低山を舞台に紹介。
- 高い山の登山：地図の見方、山小屋やテントの利用、山料理など、高い山を舞台に紹介。
- 山での楽しみ方：写真、スケッチ、植物観賞、温泉など、山の楽しみ方を様々な角度から紹介。
- 日本全国山岳ガイド：低山から高山まで、日本全国のおすすめの山をコースガイド付きで紹介。

注意　山は自然現象、気象変化などにより、日々姿が違います。中には危険なところもあり、事故も発生しています。山のルール、マナーを守り、安全第一の登山を心掛けてください。本書は2009年7月現在の情報をもとに構成しており、今後変更される可能性があります。

山登りの準備

Part 1

山の魅力を存分に味わうためには、第一に準備。
ウエアや装備を整えることはもちろん、
コースや自然などの山の情報収集や
プラン、スケジュールの組み立てなどを
念入りにしておくことで充実度が変わります。
準備を楽しむことも山登りの醍醐味です。

山の様々な選び方を知る

旬で山をとらえる

■旬の山に行こう

低山から高山まで数えきれないほどの山々を有する日本では、一年中山登りを楽しむことができます。その楽しみ方の一つとして、旬の山を選ぶという方法があります。

例えば春、山道がピンクのツツジに覆いつくされる山、夏、スケールの大きさが思いっきり味わえる高山、秋、広葉樹の紅葉が見事な山、冬、葉の落ちた雑木林の明るい陽だまりにやさしささえ感じられる里山などなど。

四季を通して自然が見せる姿はもちろんすばらしいのですが、旬の山との出会いはより魅力的です。

自然を感じ、楽しむ。旬の山は、山登りを始める人に間違いなく、それらを見せ、感じさせててくれることでしょう。

夏の山(5〜8月)

- 標高の低い山、高い山とも旬
- 初夏は新緑、盛夏は清涼を楽しむ
- 標高の高い山に挑戦できる
- 梅雨明け〜8月初旬は天気が安定

春の山(3〜5月)

- 標高の低い里山が旬
- 咲き乱れる花を鑑賞
- 芽吹きの淡い萌色も美しい
- ゴールデンウィークは混雑する

冬の山(12〜2月)

- 初心者は標高の低い山がおすすめ
- 積雪で歩行が可能になるところもある
- 銀世界の展望がひらける
- 遭難に要注意

秋の山(9〜11月)

- 標高の高い山から紅葉が始まる
- 紅葉で燃える山容が一番の醍醐味
- 温泉とのセット登山も楽しい
- 紅葉のピーク時はかなり混雑する

山のカレンダー

月	山名（場所）	標高	特徴
1月	大楠山（神奈川県横須賀市）	242m	三浦半島の最高峰。海辺に下ることも一つの楽しみ方。
	加治丘陵（埼玉県入間市）	—	広大な茶畑と展望が気持ちよいウォーキングコース。
	富山（千葉県南房総市）	349.5m	里見八犬伝説の山。1月から2月にかけて満開となる水仙が見事。
2月	幕山（神奈川県湯河原町）	620m	山麓にある梅園と海の見える草地の山頂の居心地がよい。
	宝登山（埼玉県秩父郡）	497m	1月から咲き始めるロウバイの花にひとあし早い春を感じる。
	曽我丘陵（神奈川県小田原市）	—	のどかな丘陵と梅林、陽だまりがうれしいコース。
3月	高松山（山北町）	801m	晴れた日の心地よい草原の山頂は、ハイキングにぴったり。
	桐生観音山（群馬県桐生市）	308m	梅やカタクリとも出会えるかわいい山。
	鎌倉アルプス（神奈川県鎌倉市）	—	水仙や梅の花咲く寺をめぐる丘陵歩きが気持ちよい。
4月	生藤山（東京都西多摩郡）	990m	桜、スミレのすばらしい景観が広がる。
	坂戸山（山梨県ー神奈川県ー静岡県）	643m	カタクリの群落に圧倒される山。
	南高尾山稜（東京都八王子市）	500-900m	新緑や草花などの自然が楽しめる。
5月	根本山、熊鷹山（群馬県桐生市）	1199m、1168m	アカヤシオ、シロヤシオのツツジが美しい。
	三国山（山梨県ー神奈川県ー静岡県）	1343m	ブナの新緑、高原の花、目の前にそびえる富士山を鑑賞できる。
	檜洞丸（神奈川県足柄上郡）	1601m	シロヤシオツツジが美しい丹沢の名峰。
6月	切込湖、刈込湖（栃木県日光市）	—	ツツジや新緑が美しい湖をめぐるハイキングコース。
	入笠山（長野県富士見町）	1955m	山頂では360度の展望がひらけ、スズランを楽しめる。
	荒山、鍋割山（群馬県前橋市）	1572m、1332m	ツツジが全山を真っ赤に染める景観がすばらしい。
7月	尾瀬ケ原、尾瀬沼（福島県檜枝岐村）	1410m、1650m	花の名所。小屋泊まりでのんびり歩きたい山。
	横手山（長野県下高井郡ー群馬県吾妻郡）	2307m	8月にかけて湿原の花、展望がきれいで、温泉も楽しめる。
	三ツ峠（山梨県南都留郡）	1786m	山頂部の花が美しく、富士山の大展望が広がる。
8月	仙丈岳（長野県長谷村ー山梨県南アルプス市）	3033m	南アルプスの女王と呼ばれる。山小屋利用で比較的容易に上れる。
	天狗岳（長野県茅野市）	2645.8m	360度の展望がダイナミック。小屋泊まりでゆっくり上りたい山。
	木曽駒ヶ岳（長野県駒ヶ根市）	2956m	ロープウェイで省エネできる3000m級のダイナミックな山。
9月	石割山（山梨県南都留郡）	1413m	秋の草花が広がり、山頂から望む富士山の姿がすばらしい。
	四阿山（長野県上田市）	2207m	高原に咲く秋の花と360度の展望が待っている。
	安達太良山（福島県二本松市）	1700m	10月にかけて紅葉が楽しめる。くろがね小屋の温泉も人気。
10月	杓子山（山梨県南都留郡）	1598m	澄んだ秋空のもと、ダイナミックな富士山を展望できる。
	日和田山（埼玉県日高市）	305m	9月中旬から、麓の巾着田の彼岸花が見事に咲く。
	日向山（山梨県北杜市）	1660m	花崗岩の白砂と山一面に広がる紅葉で絶景。
11月	矢倉岳（神奈川県南足柄市）	870m	気持ちのよい草原状の山頂に秋の花が咲き乱れる。
	扇山（山梨県大月市）	1138m	登山道、山頂ともに明るい、ハイキング定番の山。
	筑波山（茨城県つくば市）	877m	展望のよい秋の景色が最高。春もきれいな花が咲く。
12月	大野山（神奈川県山北町）	723m	富士山が目の前にそびえる草原の山頂が気持ちよい。
	浅間山（神奈川県足柄下郡）	802m	11～12月の初旬にかけて、紅葉の絶景が広がる。
	大福山（千葉県市原市）	292m	11月下旬からの梅ヶ瀬渓谷の紅葉がすばらしい。春の景観もよい。

上りと下りの歩き方

■山登りは里山～3000m級まで

目的を重視して山を選ぶことが基本ですが、それが自分の体力や経験に見合っていないような山では実現できません。

日本で一番高い山は、言わずと知れた「富士山」で、3776m。他にも日本には3000m級の山が20もあります。山頂からの眺めは絶景で、何よりも長い道のりを上って頂きに立った時の充実感は、何事にも代え難いものです。しかし、これらの山に上るには体力はもちろん、経験と知識、入念な準備が必要です。

また、標高だけでなく、気候、コースの状態、累積標高(p72参照)など、山を選ぶ基準は様々あります。目的、体力、経験、環境をバランスよく考えて山選びをしましょう。

高尾山 東京都八王子市にある、日本一来者数の多い山（八王子市八十八景）。ケーブルカーで海抜401mまで上ることができ、初心者でも楽しめるコースとなっている。

大菩薩 大菩薩嶺（岳）を持つ大菩薩連嶺。山梨県甲州市に位置し、日本百名山にも選ばれている。尾根からは富士山をはじめ、南アルプスの山々を望める。

日本の山と標高

1位	2位	3位	4位	5位
3776m	3193m	3190m	3189m	3180m
富士山●ふじさん（静岡県・山梨県）	北岳●きたたけ（山梨県）	穂高岳●ほたかだけ（長野県・岐阜県）	間ノ岳●あいのだけ（静岡県・山梨県）	槍ヶ岳●やりがたけ（長野県・岐阜県）
独立峰	**赤石山脈（南アルプス）**	**飛騨山脈（北アルプス）**	**赤石山脈（南アルプス）**	**飛騨山脈（北アルプス）**

1000m以下の代表的な山

筑波山●つくばさん（茨城県）**日本百名山**…**877m**
開聞岳●かいもんだけ（鹿児島県）**日本百名山**…**924m**
高尾山●たかおさん（東京都）…**599m**

1000m以上の代表的な山

利尻山●りしりさん（北海道）**日本百名山**…**1721m**
八幡平●はちまんたい（岩手県）**日本百名山**…**1613m**
伊吹山●いぶきやま（滋賀県）**日本百名山**…**1377m**

2000m以上の代表的な山

会津駒ヶ岳●あいづこまがたけ（福島県）**日本百名山**…**2133m**
蝶ヶ岳●ちょうがたけ（長野県）…**2664m**
白山●はくさん（石川県ー岐阜県）**日本百名山**…**2702m**

■独立峰と山脈、連峰

山といってもその姿形はそれぞれ。富士山のような単体の山もあれば、細長く連続的に伸びる山地「山脈」もあります。また、単体の山でも峰が一つだけの独立峰（単独峰）、複数の連峰（連山）があります。

このように、どのような種類の山なのかを知っておくことで、目的に適した山を選ぶことができるでしょう。

峠とは？

地形で言うと、山の上り下りの境目が峠である。ただ、先述のような限定的なものではなく、一般的に峠のある道のことを指す。

峰を一つしか持たない山。富士山が代表的。周りに高い山が少ないため、孤立の山と言われることもあるが、山頂からの眺めはひらけている。

複数の峰や岳で構成された山々。例えば、長野県と山梨県にまたがる八ヶ岳連峰は、最高峰の赤岳をはじめ、複数の岳で構成されている。南北30km以上にのびた山全体を総称して八ヶ岳と言う。

■勾配とコース

同じ標高の山でも体力の消耗具合が変わってきます。その要因の一つが勾配。勾配が急な道では体への負荷が大きくなり、勾配が緩いと体への負荷は小さくなりますが、歩く距離が長くなることもあります。また、上り下りの高低を足した累積標高（p72参照）も山を選ぶ時の一つの基準になります。

緩やかな勾配

距離が長くなる場合もあるが、急斜面と比べると足への負担が少ない。下りにとると楽なケースが多い。

急な勾配

ゆっくり上ること。特に長く続く場合は意識してペースを落とす。上りにとった方が楽なケースが多い。

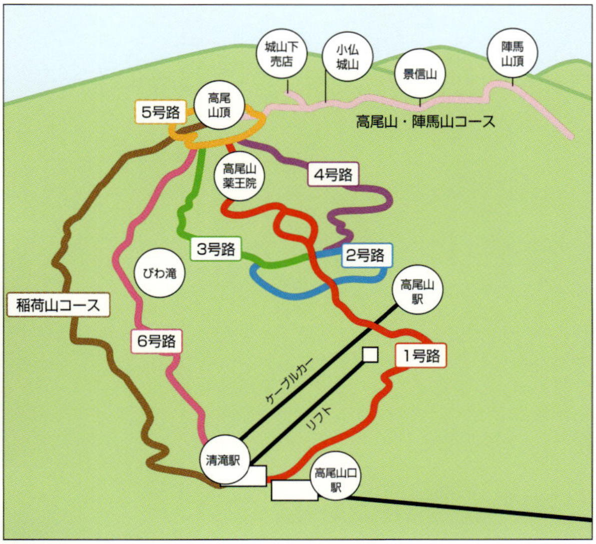

高尾山のコース

同じ山に上るのでもコースの選び方によって、内容は変わる。高尾山は1号路～6号路、稲荷山コース、高尾山・陣馬山コースの全8コースがある。コースによって勾配や距離が違い、自然の生息も変わってくる。

Chapter 2
山登りの服装&装備

山登りの服装を揃える

■機能性を重視したセレクト

山登りで最も気を付けなければならないのが、「身の安全」な山行。そのためには、山登りに適した服装と、あらゆる場面を想定した装備が必要です。ウエアはもちろん、シューズ、ザック、雨具は登山の3種の神器と言われ、商品選びから重要になってきます。

山登りは激しくない運動と思われがちですが、アップダウンの繰り返しにより、足やヒザには大きな負荷がかかっており、ザックを背負うことで腰への負荷もかかります。しかも、標高1000m未満の低山であっても数時間歩くことになり、疲労も蓄積されます。これらをやわらげるのが服装や装備で、機能性の高い物を選び、正しく使う必要があるのです。

ジャケット

体温を保持する役割。気温の低いところでは風を通さないものがよい。また、季節、標高、気象によって耐久性や保湿性を考えて選ぶこと。ある程度の気温なら、雨具を代用することもできる。

パンツ

ストレッチ素材など、伸縮性に優れた動きやすいものを第一に考える。軽量で保湿性、速乾性の高い方がよい。ヒザの負荷を軽減するサポータータイプのパンツに、ショートパンツを重ねるコーディネートもある。

中間着

ジャケットの下に、また、単体で着る中間着は、体温を調整するのに大切な役目。ジャケットの種類を考えて重ね着の構成をすることが基本。中間着はTシャツ、ポロシャツ、長袖シャツなど、様々なタイプがある。

下着類

体温を調整する最も大切な部分。着心地に加えて、保湿性、速乾性を重視すること。アウトドアメーカーからは、様々な素材の下着が発売されているので、その山行に適したものを選ぶようにしよう。

ジャケット

ゴアテックス素材で耐久性に優れ、全天候に対応できる。

軽くコンパクトに収納できるタイプ。防寒着にもなる。

パンツ

通気・撥水・速乾性に優れ、屈伸運動がスムーズにできるタイプ。

サポートタイツの上にショートパンツを合わせてもよい。

中間着

Tシャツ
速乾性に優れ、やわらかな肌触りのものがよい。

ポロシャツ
吸水拡散性に優れた素材で動きやすい。

シャツ
日差しを遮り、ジャケット感覚で着られる。

下着類

ハイネックシャツ
ラウンドネックシャツ
伸縮性、汗の吸湿性に優れている。

タイツ
足運びをサポートしてくれ、保温、速乾性もある。

下着
保温、速乾性に優れた素材を選びたい。

商品：モンベル

ザックの選び方

■身体とのマッチングを重視

両手を自由にさせ、必要な荷物を背中に一つでまとめるのがザックです。

ザックの種類は豊富で、選び方としては、まず山行に合った容量を基準にします。日帰りであれば20〜30リットル程度のサイズでよいでしょう。次に身体に合ったものを選びます。これが一番大切で、ザックは常に背負って歩くので、背中の接触に違和感があるものや、腕振りなど、歩行の妨げになるものは避けましょう。

容量を決めたらフィッティングして、自分に一番合うものを探す。

モンベルクラブ渋谷店

ザックを購入する時のポイント

背中にフィットするもの
フィットプレート(ザックの中に入っている)が背中の曲線に合うように曲げて調整する。フィットプレートがない場合は、背中の曲線に合ったザックを探す。

1
ザックの中からフィットプレートを取り出し、背中に当てる。

2
背中の曲線に合わせて曲げる。

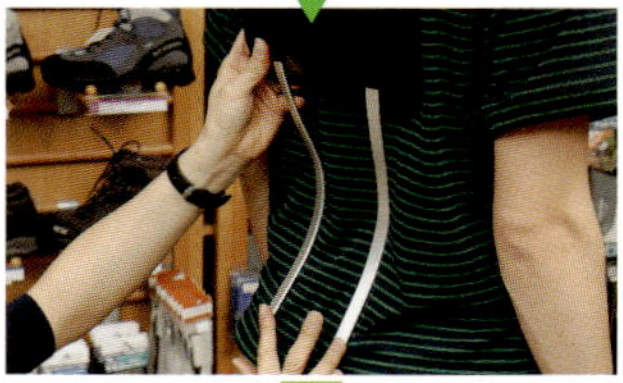

3
再び背中に当てて、確認する。合っていなければ再調整。

4
ジャストフィットしたらザックの中に戻して、ザックを背負って確かめる。

Point1
容量を決める
ハイキングなら20リットル、日帰り登山なら20〜30リットル、1泊2日なら30〜40リットルを目安にする。長期登山の場合はさらに容量の大きいものを選ぶ。

Point2
身体に合わせる
大きすぎるザックは、歩きにくく身体に負荷がかかる。ザックのボトムが腰骨の位置になるのがベスト。腰でザックを背負う感覚がよい。

Point3
機能性を考える
軽い素材で、耐久性と耐水性のあるものがよい。また、ポケットなどの付属機能は、ウォーターボトルなどの出し入れがしやすくて便利。

Point4
デザイン性をチェック
ザックに限らず、アイテムは自分の好みのものの方が愛着を持て、大切に使うことができる。デザイン、カラーなどを気に入ったものを選びたい。

身体に合ったザック

SIDE
（横）

背中とザックの間に隙間がない。フィットプレートが背中の曲線に合っているので、違和感もない。

BACK
（背面）

ザックのボトムが腰の位置になっている。腰でザックを支えることにより、疲労がたまりにくい。

注意！ ザックの種類によってはフィットプレートがないものもあります。その場合は、自分の背中に合ったザックを探しましょう。

ザックカタログ

50
リットル

2、3泊程度の荷物を詰め込める容量。理想的な重量配分のパッキングがしやすくなっている。

日帰りの登山に適したサイズ。フィット感がよく、荷重を分散して疲労を軽減する。

35
リットル

20
リットル

日帰りの登山やハイキングなどをサポートするサイズ。コンパクトでスムーズな歩行を実現する。

商品：モンベル

シューズの選び方

■履きやすさ、歩きやすさを重視

歩く距離や時間が長くなったり、足場が悪かったりするところでは、ハードな状況にも対応できる靴底やボディのシューズが必要になります。また、荷物を背負うので、吸収力も求められます。

素材は革製と布製の二つに分けられ、革製は耐久性と防水性に優れていますが､最近では布製の素材開発により、革製にひけをとらないものも出てきました。布製のメリットは、軽く、やわらかい素材なので足に馴染みやすいところです。

形は足首の保護力が高いハイカットの他に、ミドルカット、ローカットのタイプがあります。ハイキング程度ならローカットでも対応できますが、安全を考えるとミドルカットかハイカットをおすすめします。

また、雪山の登山には、保温、耐久性に優れた雪山用のシューズを選ぶとよいでしょう。

シューズ購入のポイント

Point1 足のサイズを測る

足の大きさは長さと幅の両方を測る。日本人は、足の幅が広いので外国製のシューズだと窮屈に感じる場合もある。

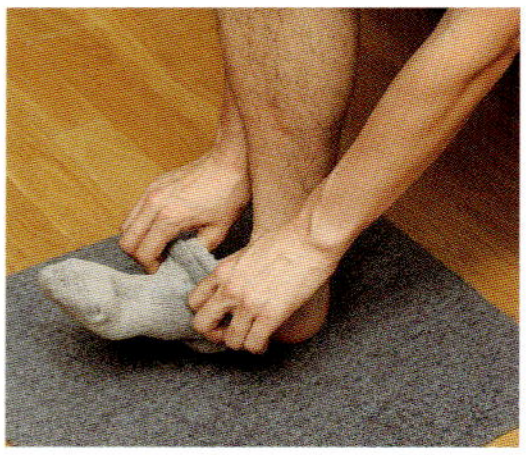

登山専用の靴下に履き替える。通常の靴下だと5mm～1cmの誤差が出てしまう。

足の長さと横幅のサイズを測定する。両足を測り、大きい方に合わせる。

Point2 シューズ内に余裕を残す

ジャストフィットする大きさだと、歩行の際に足の動く余裕がなくなり、靴擦れがしやすくなる。ジャストフィットした幅で、1cm大きいサイズを選ぶのが基本。

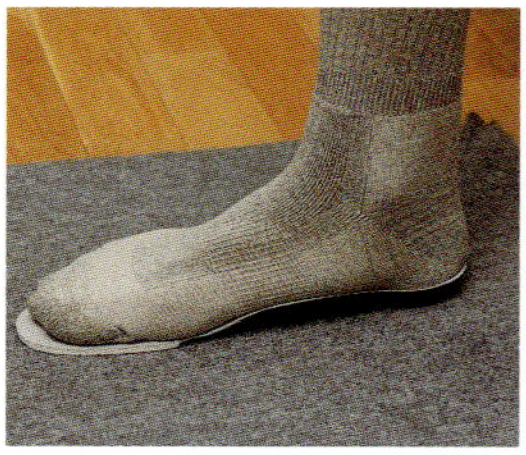

立ち上がって、インソールにかかとを揃えて足をのせる。

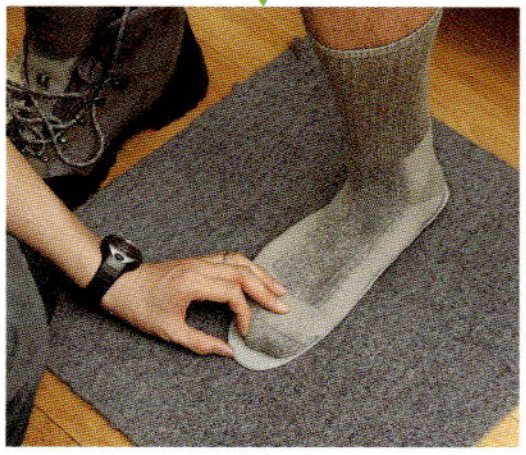

1cmくらい余裕があるのが目安。横幅が大きい人はもう少し余裕をもたせる。

Point3 靴ひもを締めて確認

靴ひもは先端のホールからきっちり締めていく。ひもを結んだら立ち上がって感覚を確かめる。足首が多少動くくらいの余裕があればOK。

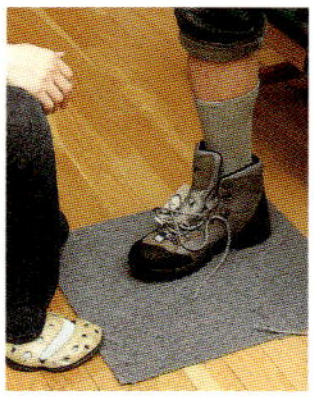

かかとを合わせてシューズを履き、立ち上がる。横幅に違和感がないか確かめる。

かかとをおしながら靴ひもを締めていく。一番上まで結ぶと安定感が増す。

靴ひもをしっかり結んだ状態。違和感がなければ試し歩行をする。

Point4 試し履き

実際に歩いて感覚を確かめる。フィット感、足の前後の余裕が確認ポイント。また、実際の山道を想定して、上り、下りの際の着地の状態も試す。

平坦な場所を歩く。足の裏全体で歩いて感覚を確かめるのがポイント。

傾斜のあるところを上る。前脚に重心をかけて安定感を確かめる。

下る。体重をのせた時につま先に違和感がないか確かめる。

指導：モンベルクラブ渋谷店

シューズカタログ

ベロ
足首を保護し、動きやすくする
カフ
足首を保護する
靴ひも
しっかり締めれば足がシューズの中で動かない
アッパー
足の動きを妨げずに足を固定する
D環
靴ひもはD環からしっかり締めて足を固定する
コバ
エッジとも言う。つま先を保護する
フック
一番上まで靴ひもを締めると、足首が固定する
ソール
足を保護する。クッション性は他のスポーツシューズより低い
mont-bell
mont-bell

ハイカット

最も安定力のあるタイプ。険しい道、標高の高い山での歩行は、ハイカットが安全。

mont-bell
mont-bell

mont-bell

ローカット

足首が動きやすい。特にハイキングや平坦なコースに適している。

ミドルカット

適度な安定力があり、足首の動きがスムーズ。両方の機能がほしい時に最適。

mont-bell

商品：モンベル

雨具の選び方

雨具の選び方

蒸れにくい素材
ゴアテックスなど、蒸れを防ぐ素材を選び、快適な歩行を実現する。

動きやすい大きさ・形
雨具を着たままの登山になるので、身体が動きやすいものでなければならない。

軽量でコンパクト収納
着た時はもちろん、ザックに入れている時も軽い方がよい。コンパクトに収納できるかも重要。

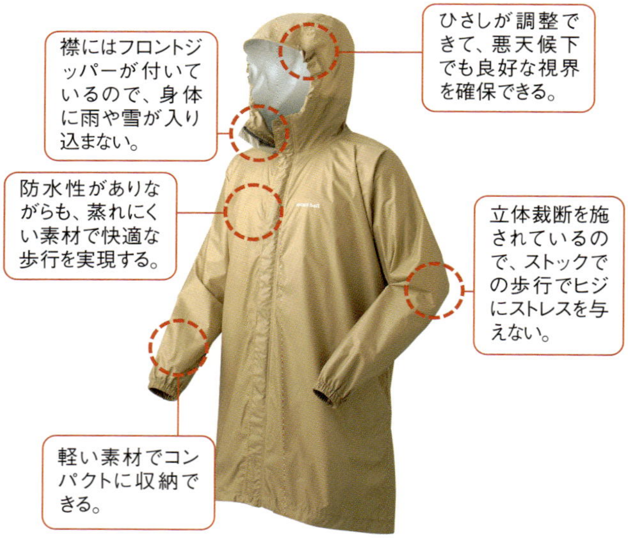
襟にはフロントジッパーが付いているので、身体に雨や雪が入り込まない。
ひさしが調整できて、悪天候下でも良好な視界を確保できる。
防水性がありながらも、蒸れにくい素材で快適な歩行を実現する。
立体裁断を施されているので、ストックでの歩行でヒジにストレスを与えない。
軽い素材でコンパクトに収納できる。

■雨対策は登山の必須要項

山の天気は変わりやすいものです。登山を開始した頃は晴天でも、山頂に着いたら大雨ということも少なくありません。肌が雨にさらされると、どんどん体温が低下していきます。標高の高い山では、その気温差は大きく、風が加わるとさらに体感温度は下がります。だからこそ、雨具は必携のアイテムなのです。

また、雨具の種類は、ジャケットとパンツに分かれたセパレートタイプが一般的で、その他、形や素材もいろいろです。動きやすいもの、蒸れにくいもの、軽量で収納しやすいものが雨具選びのポイントです。ザックカバーも備えておきましょう。

男性用
アウトドアショップの雨具の品揃えは豊富。　モンベルクラブ渋谷店

その他のアイテム

■帽子、グローブ、防寒着

山登りに最も大切なことは、「安全」です。まず、身体を守るアイテムに重点をおきましょう。キャップやハットは熱中症を防ぐことができ、グローブは体温調節、また両手を使って登山する時に手を守ってくれます。防寒着は急激な温度変化が見込まれる山では、夏であっても必携品です。雨具を防寒着として活用することもできます。

登山用のグローブのタイプもいろいろある。

キャップ、ハットも常備しておきたいアイテム。

雨具カタログ

購入のポイント
ジャケット、パンツ、ザックカバーのセットで組み合わせても、ポンチョで全てをを補ってもよい。動きやすく、軽く、蒸れにくいものを選ぼう。

レインポンチョ

ザックを背負ったまま着ることのできるポンチョタイプ。

レインパンツ

動きやすくて蒸れにくいタイプ。収納もコンパクト。

レインジャケット

ジャケットとパンツを合わせるのが一般的。写真は全天候に対応のタイプ。

ザックカバー

ザックを雨から守るカバー。コンパクト収納できる。

その他の必要なアイテム

購入のポイント
ひさしがあるものは、日差しや雨から顔を守ってくれる。低気温の場所ではニット素材などのもので保温性を重視しよう。

購入のポイント
自然から皮膚を守る役目と、体温を保つ役目の両方を備えているグローブがスタンダード。山の種類、気候によって最適なものを選ぼう。

キャップ&ハット

日差しから身体を守るため、身体を温めるためなどの役割。環境に応じたものを選ぶ。

グローブ

岩や木の枝などから手を守り、保温にも役立つ。

商品：モンベル

Chapter 3

山登りのプランを立てる

山の情報を収集する

■情報を集めることが第一歩

山登りの服装や装備を揃えたら、すぐにでも山へ向かえるわけではありません。まず、山についての情報を集めることが必要です。

収集すべき情報内容は、山の特徴、コース、施設、アクセス方法、気象などです。登山ガイドブック、旅行ブック、インターネットなどが主な情報源になります。これらの情報に、地図を入れて入念な計画を立てることが、最初の一歩なのです。また、山小屋や地元の観光課から最新の情報を収集するのも効果的です。

情報内容の項目

1. 山の特徴（山行目的を念頭に入れておく）
2. コースガイド
3. 山頂の様子
4. 施設（水場、トイレなど）
5. アクセス方法
6. 気象　　　　など

情報収集の手段

手段2

インターネット

山を管理しているところの公式サイトの他、個人制作のサイトも多数ある。公式サイトは信頼性が高いが、個人サイトは様々あるので、その信憑性は自分で判断すること。

左：山と渓谷社
右：昭文社

手段1

ガイドブック

地域別、山域、その山特定の登山ガイドブックは、様々な出版社より発売されている。大抵の情報はこのガイドブックから得られるが、あくまでも情報源の一つと考えよう。

手段4

地形図

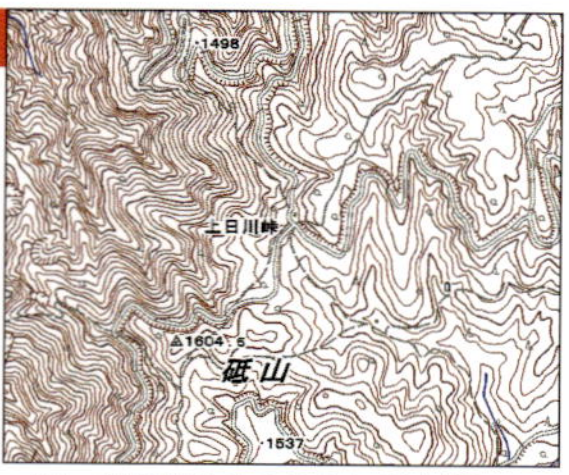

地形図には山の状況を把握できる情報が豊富にある（p74～紹介）。地形、周辺施設、自然などの情報を読み取り、イメージを膨らませることが大切。

手段3

山小屋・観光課

気象状況などは、現地の情報が一番。出発前に確認しておくと、確かな情報を持って山に向かえる。

プランの立て方の流れ

その1 目的を決める

山歩き、山登りの目的を明確にすることが先決。目的がなければ、必要な情報も見えてこない。

温泉で心体を癒す

歩くことを楽しむ

自然を観賞する

その2 山の情報を集める

標高などの基本情報はもちろん、山行目的を踏まえた山の特徴を事細かく調べること。

高い山を上り達成感を得る。低山をゆっくり歩く。

その3 コース情報を集める

ガイドマップやエリアマップを参考に、山行目的、体力を踏まえたコースを選ぶ。ガイドブックは2〜3冊を参考にする。

最短コースで頂上を目指し、景観を堪能。

山頂までの道のり、自然を満喫する。

その4 アクセス情報を集める

登山口までのアクセス方法を調べ、山行のスケジュールを立てる。ガイドブックやエリアマップを参考にする。

プラン、スケジュールは登山計画書に記載。

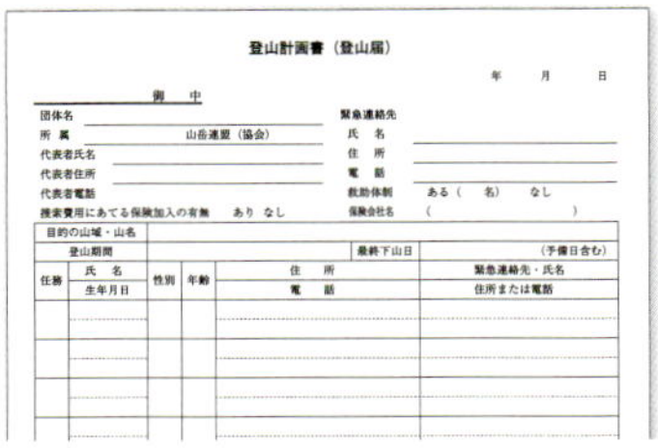

登山計画書（登山届）

年　月　日

御　中

団体名
所　属　山岳連盟（協会）
代表者氏名
代表者住所
代表者電話
捜索費用にあてる保険加入の有無　あり　なし

緊急連絡先
氏　名
住　所
電　話
救助体制　ある（　名）　なし
保険会社名　（　）

目的の山域・山名					
登山期間				最終下山日	（予備日含む）
任務	氏　名 生年月日	性別	年齢	住　所 電　話	緊急連絡先・氏名 住所または電話

登山口までの移動手段を調べて決める。

その5 気象や天候情報を集める

天候と気象（気温や風速など）を調べた上でウエアを選んだり、荷物の選定をしたりする。

ここ最近の天候を調べ、山道の状態を把握しておく。

最終的に当日の天候と気象を調べ、それに合った衣服と装備を決める。

パーティを組む

■メンバー構成を決める

登山は危険が伴うこともあります。そこで何人かでチームを作って、お互いが助け合い、安全性を高めることが大切です。このチームを「パーティ」と言います。

パーティは山行をスムーズに進めることが主旨です。低山であってもパーティを作って登山しましょう。また、パーティではメンバーの役割を決め、さらにメンバーで話し合ってルールを決めます。役割はリーダー、救急係、企画係、記録係などです。メンバーの意見をまとめるリーダーを中心にして登山することで、危険を回避し、また、助け合い、楽しい山行となります。

目的とする山にもよりますが、リーダーはできれば登山の経験がある人がよいでしょう。

パーティ
登山では数人で組んだチームを「パーティ」と呼ぶ。

1Point Advice
初心者だけでパーティを作る場合は、3〜5人くらいの少人数の方がまとまりやすいです。

パーティのシチュエーション

歩く
歩く順番を崩さないように歩行する。道の広いところや、安全な場所なら会話をしながら歩くのもよい。

休憩
メンバー全員で安全な場所で休憩する。また、休憩は、規則的にとるように徹底しよう。

楽しむ
ルールを守り、メンバーとコミュニケーションをとりながら歩きたい。一緒に感動できるのもパーティの魅力。

食事
休憩ごとに、こまめに食事をとる。手作りする場合は材料や道具を分担をして持つとよい。

パーティのメリット

メリット1

安全な山行

リーダーを中心に行動することで、危険なところを回避しやすい。体力のない人に合わせれば、無理をする人もいなくなる。

メリット2

病気・ケガへの対処

仮に病人やケガ人が出たとしても、メンバーで協力し、フォローできる。救助の要請をすることもできる。

メリット3

楽しい

仲間がいることで会話をしながらの山行ができる。また、達成感や大自然への感動を共有できることも一つの魅力。

メリット4

協力できる

単独での歩行が困難な場所でも、荷物を預かって身軽にしたり、手を取り合ったり、助け合いながら山行できる。

1 Point Advice

「こんな山登りはダメ！」

メンバーは常に一緒に

疲れてくると「後からゆっくりいきます」と言う人がいます。メンバーに迷惑をかけまいとする奥ゆかしい言葉に聞こえますが、実は逆です。疲れている人が後からゆっくり来たらどうなるでしょうか。バラバラになったパーティでは何が起きても対応できません。実際に一人になって迷い、遭難騒ぎになった事例もあります。

こんなケースもあります

Case1

女性にとっては山のトイレ事情が気になるところ。男性がリーダーの場合、言いにくい人もいるだろうが、トイレがない場所でも早めに意思表示することで、対応策を考えることができる。我慢のしすぎで体調を崩す人もいるので、メンバーに女性がいる場合、リーダーは気を使ってあげよう。

コースの選び方

■コース選びで上り方も変わる

山にはコースがあります。そして、コースの数は山によって違います。

例えば、日本で一番来者数の多い、東京都の高尾山を例にしてみると、コースの数は1〜6号路、尾根沿いのコース、他の山につながるコースの計8コースがあります。1号路は途中までケーブルカーで上ることもでき、2択になります。コースによって距離、勾配も違います。

また、上りと下りのコースを変える選択もあり、目的や体力によって選ぶことができます。

Case 1

山頂でゆっくりしたい

登山口から歩いて上るだけでなく、途中までリフトなどを使ったり、自動車で上ったりできるコースもある。体力や時間のない人は有効活用しよう。

1号路

高尾山の1号路は途中までケーブルカーやリフトで上ることができる。

Case 2

豊かな自然を求める

山行目的が自然鑑賞であれば、自然が最も美しく、静かなコースを選びたい。そのコースを基準にするとプランを立てやすくなる。

陣馬山コース

高尾山山頂から陣馬山までの山道は、新緑や草木の息吹を楽しむことができる。

Case 3

とにかく歩く

歩くことを充実させたいという目的でコースを選ぶ。例えば、高尾山から陣馬山までを縦走する歩き方もある。

6号路

沢沿いを歩くコース。マイナスイオンを感じながら気持ちよく歩くことができる。

Case 4

見たいものがある

景観を楽しむことを目的にして、コースを設定するのも手段。山行のポイントにもなり、休憩時間なども計算しやすくなる。

4号路

生い茂る木々の中にある吊り橋。その景色だけでなく、吊り橋から見る眺めも他とはひと味違う。

高尾山の全コース

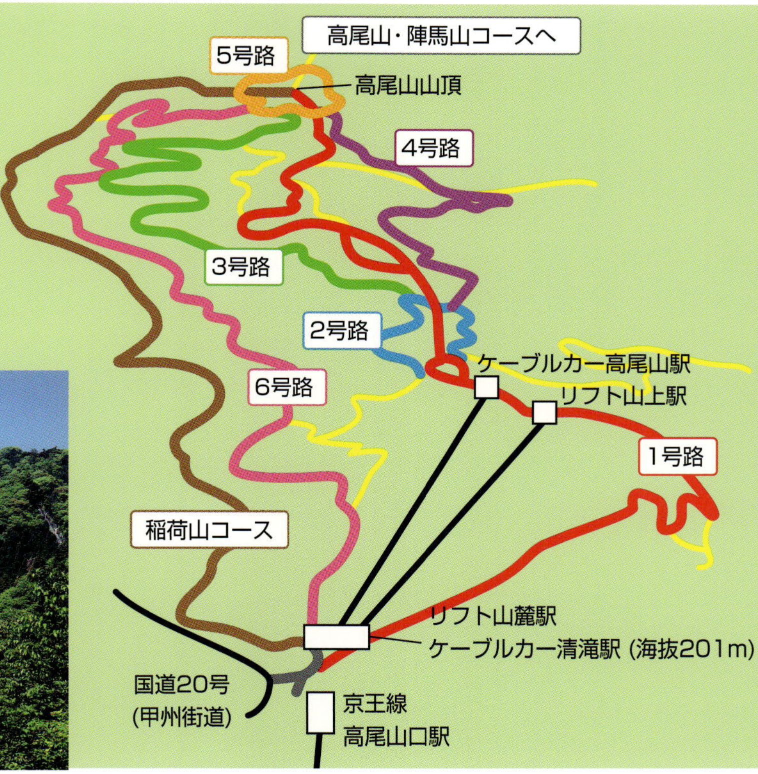

●全8コース

1号路（表参道コース）	舗装された参道のコース。ケーブルカーやリフトで途中まで上ることができる。途中にお寺やサル園などの観光施設もある。
2号路（霞台ループコース）	1号路の途中にループしているコース。他のコースとの連絡路になっている。
3号路（かつら林コース）	南斜面となったコースで、暖帯系の樹木や野草を観察できる。途中には高尾山特有の巨大杉がある。
4号路（吊り橋コース）	温帯林系の樹木が生い茂る中に吊り橋がある。吊り橋を越えると急な勾配の坂道が続き、10分ほどで谷合からベンチのある休憩場所の稜線に出る。
5号路（山頂ループコース）	山頂を中心にして周回するコース。東西南北の自然を堪能することができる。
6号路（びわ滝コース）	びわ滝川の清流に沿って山頂まで伸びたコース。下流から上流に進むにつれて水の流れが変わってくる。
稲荷山コース（見晴らし尾根コース）	高尾山の主尾根とは別の尾根から山頂に至るコース。6～7月にはアジサイやヤマユリ、秋には紅葉で美しい景観を作っている。
高尾山・陣馬山コース	高尾山と陣馬山を結ぶ全長8.5kmのコース。途中にいくつかの峠、城山、景信山を経由する。縦走する場合はスケジュールをしっかり立てること。

スケジュールの立て方

山頂でゆっくりすることを目的に！ 温泉を目的にする山登りもOK!

■目的を決めて計画する

山の情報を収集し、目的とコースが決まったら、次は山行のタイムスケジュールを立てます。日帰りの山行なら、日没までに下山することを念頭に入れ、登山口から山頂までの時間、山頂で過ごす時間、休憩の時間、下山の時間などを全て決めていきます。プランを立てる際には、このスケジュールが欠かせません。

スケジュールを立てておくと、万が一、山中でトラブルが発生した時に、どう対処すれば日没までに下山できるかなどの判断もしやすくなります。雨が突然降ってきて、雨宿りを余儀なくされた時などにも、このスケジュールが役立ちます。

■コースタイムは1.5倍を目安

スケジュールを立てる際に役に立つのが、ガイドブック。各コースタイムが表示されているので、歩いたことのないコースでも基準を持てます。ただし、これには落とし穴が……。コースタイムはあくまでも歩き続けた際のもの。山行の途中で自然を観察したり、休憩したりする時間は含まれていません。

また、初心者は歩き慣れていないので、コースタイムの約1.5倍と考えておきましょう。余裕をもったスケジュールであれば、様々なトラブルにも対応できます。

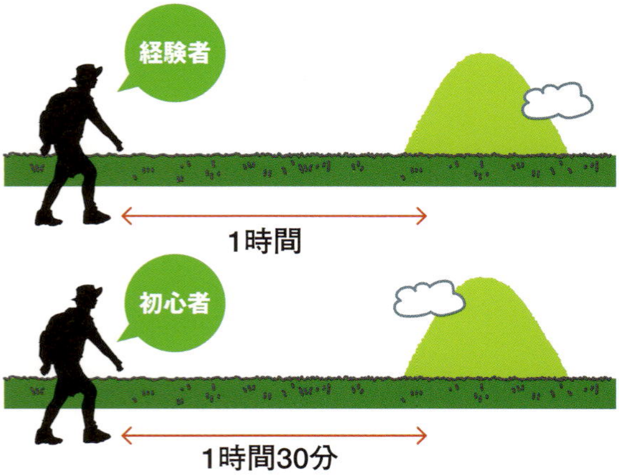
経験者
1時間
初心者
1時間30分

AはBのペースに合わせて歩くこと!
A
歩くペースが速い
B
歩くペースが遅い

スケジュール例

■山登りのスケジュール例

登山に慣れてきたら、遠方の山へ行くこともあるでしょう。その際は登山のスケジュールだけでなく、山行自体のスケジュールを綿密に組まなければなりません。たとえ近場の山でも、自宅を出て帰ってくるところまでのスケジュールを立てることをおすすめします。

また、初心者は登山に時間のゆとりが持てるようにしましょう。自宅から遠い山だと、登山の時間にゆとりがなくなります。遠方の山に行く場合は、宿泊のプランを立てましょう（※山小屋とテントの活用はp90-95参照）。

歩く
コースガイドには休憩時間は含まれていない。休憩時間を入れた山行スケジュールにすること。

食事のタイミング
日帰りの場合、昼食を挟む山行が多い。頂上で食べるのか、途中の山小屋で食べるのかなど、食事のタイミングでスケジュールが変わるので事前に決めておくこと。

7:00 出発

9:00 登山口集合
ここでパーティのメンバーの体調などを確認。ストレッチも行う。

9:30 スタート
パーティで決めた順番で歩く。小休憩も入れる。

12:30 山頂
食事をとる。山頂からの眺望を満喫。

13:30 下山スタート
上りと同じように順番に歩く。休憩も忘れずに。

16:00 下山
ザックを下ろして、クーリングダウンのストレッチ。

17:00 解散

19:00 帰宅

1 Point Advice

スケジュール変更も考える

気象や体調の変化があったら、スケジュールを改めることが求められます。綿密に立てたスケジュールだから、それを実行したい気持ちも分かりますが、大切なのは「安全」です。山行自体を中止することも、コースを変更して登山時間を短縮することも時にはしなければなりません。その際に、もし中止になったら目的を変えられるような、裏スケジュールを考えておくのもよいでしょう。山周辺の観光や、食事、温泉という選択肢もあります。

山までのアクセス方法

■時刻表を確認すること

山までの移動手段は電車、自動車などで、電車においてはダイヤが決まっています。何時何分の電車に乗れば、現地にいつ着いて、登山を開始できるか、そこまでスケジュールを組み立てておく必要があります。

電車は時期、時間帯によっては混雑します。現地に着くまでに疲労をためないように、アクセスの方法を考えるのもプランです。また、電車で駅に着いてから登山口までのアクセス方法も事前に確認をしておきます。駅からバスで行くか、タクシーを利用するか、あるいは徒歩で行けるかなどです。

これは行きだけでなく、帰りにおいても同じです。平日と休日ではダイヤが変わりますし、ダイヤは定期的に変更されるので、しっかり確認しておきましょう。

KEIO
高尾山口駅

電車での移動は、できるだけ混雑を避けたい。立ったままの移動になると、到着した頃には疲れてしまう。また、遠出する場合は、新幹線や長距離列車の席を予約しておくと安心。

自動車での移動は運転手に疲労がたまりやすい。帰りも登山で疲れた状態で運転することになる。自動車での移動は渋滞状況なども考えて余裕のあるスケジュールを立てよう。駐車場の確認も忘れずに。

アクセス例

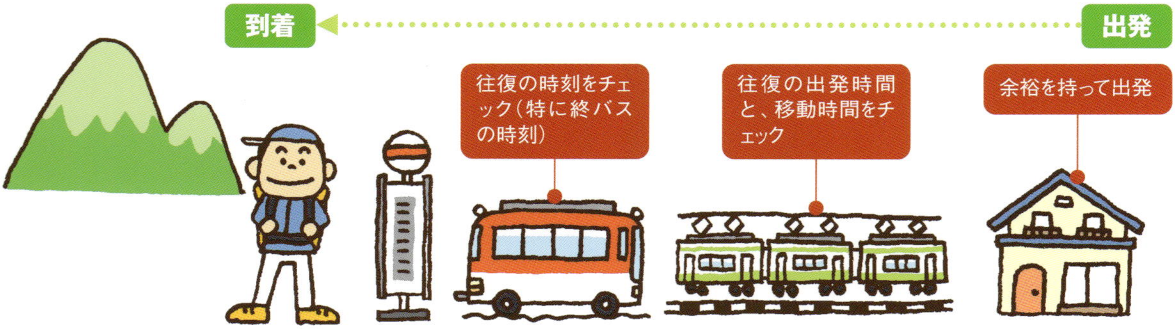
到着
出発
往復の時刻をチェック（特に終バスの時刻）
往復の出発時間と、移動時間をチェック
余裕を持って出発

1 Point Advice

移動で疲れないように

山までのアクセスは、電車や自動車を利用することがほとんどです。時には新幹線や飛行機で移動することもあり、その移動は長時間になります。しかし、この移動時間で疲労をため、いざ登山開始という時に体力が消耗していては元も子もありません。特に初心者の場合は、登山の時間にゆとりを持てるようにしましょう。登山は早い時刻に上り、早めに下山するのがおすすめです。天候が安定している間に、ゆとりを持って山を満喫しましょう。

山によっては途中まで自動車やバスで上ることができる。スケジュールや体力を考えて決めよう。

■自動車での移動はさらに余裕を持つ

山へのアクセスは必ずしも便利だとは言えません。そんな状況もあり、自動車で現地まで移動する人もいますが、その場合は渋滞などで、スケジュールが崩れやすいことを踏まえておきましょう。電車での移動以上に余裕をもったスケジューリングが必要です。

また、ドライバーは移動で疲労がたまりやすいです。行きはまだ元気であっても、帰りは登山の疲れが重なって運転を辛く感じるものです。そんな時に交通事故を起こしやすいので気を付けなければなりません。

さらに、自動車で移動するには、現地の駐車場の確認も必要です。バスや電車での移動なら、出発地点とは別のところに下山することもできますが、自動車の場合は、駐車場の場所に戻ることになります。

チェックポイント

1. 登山口からの距離
2. 駐車場と駐車台数
3. 混雑具合
4. 料金
5. 高速道路の降り口からのアクセス

■ハイシーズンの混雑例

4月末～5月上旬(GW)	日本全国(ex.新緑目的)
7月～8月	標高の高い山(ex.夏の植物目的)
10月～11月	前半は標高が高い山、後半は標高が低い山(ex.紅葉目的)

12月～2月は雪山。雪山の登山者数は全体から見ると少ないが、スキー、スノーボード客で混雑する。自動車での移動の場合は、渋滞するところも多いので注意。

電車のチケットを予約

ゴールデンウィークやお盆などの時期は、帰省ラッシュなどと重なり、電車や新幹線が混雑する。その時期に遠方の山に行く場合は、事前に席を予約しておこう。

日本全国に山はある。標高の高い山は、関東甲信越、東北に集中している。また、新緑や紅葉などの自然現象は、標高によって旬が違うので、登山客の混雑時期もずれる。

登山計画書の作成

■万が一のためのパスポート

テレビや新聞では、毎年のように登山者の遭難のニュースが流れています。これは標高の高い山や雪山だけではなく、実は1000m以下の山でも起きていることです。遭難した際には一刻も早い救助活動が、遭難者の命の明暗を分けます。その判断を下すことができるのが、登山計画書です。登山を開始する前に、登山口に当たる駅や停留所に設置されている登山届けのポストや、地元の警察署に投函しておきます。

登山計画書の記入内容は、パーティ名(団体名)、山名(山域)、期間、メンバーの氏名・年齢・性別・血液型・連絡先、緊急連絡先、コースやスケジュール、ザックの内容(食糧や装備)などです。

登山計画書の記入項目

① 団体・パーティ名
パーティの名前を記入する。
例)山登り愛好会

② 山名(山域)
誰が見ても分かるように
山名(山域)を記入する。
例) 大菩薩嶺(山梨県甲州市)

③ 期間
登山開始日、終了日を記入する。
例) 8/1(日帰り)

④ メンバーと連絡先
パーティのメンバー全員の名前、
性別、年齢、緊急連絡先を記入する。
例)山上好行/男性/31歳/東京都新宿区山町1-1-1
/03-1111-111×/090-1111-111×

⑤ 日程・コース
スケジュールと
コースガイドを記入する。
例) (1)8/1　10時 上日川峠出発ー(上り)唐松尾根
(2)8/1　(下り)雷岩ー大菩薩峠ー上日川峠 15時着

⑥ 食糧と装備
食糧の量、装備の内容で
救助の方法が変わることがある。
例)おにぎり3個、エネルギーバー2本、ゼリー100グラム、水1.5リットル

登山計画書の例

登山計画書（登山届）

年　　月　　日

＿＿＿＿＿＿＿＿ 御　中

団体名		緊急連絡先	
所　属	山岳連盟（協会）	氏　名	
代表者氏名	①	住　所	
代表者住所		電　話	
代表者電話		救助体制	ある（　　名）　なし
捜索費用にあてる保険加入の有無	あり　なし	保険会社名	（　　　　　　　　）

目的の山域・山名	②		
登山期間	③	最終下山日	（予備日含む）

任務	氏　名 生年月日	性別	年齢	住　所 電　話	緊急連絡先・氏名 住所または電話
	④				

日　程	行　動　予　定
(1)　　／	⑤
(2)　　／	
(3)	

テ ン ト（型・人用・張）	
ツェルト（人用・張）	
ロープ（m・本）	
通信機器（台・Mhz）	⑥
携帯電話番号	
食　料（日分）	
非 常 食（日分）	
燃　料（日分）	

（その他連絡事項）

ザックの背負い方

■背中にフィットさせる

身体にフィットするザック（p22参照）を選んでも、背負い方を間違っては、決してよいパートナーにはなりません。最近のザックは機能性、バランスに優れているので、間違った背負い方をしても、その時は負担に感じにくいものです。しかし、これが長時間の歩行になるとジワジワと疲労がたまってきます。

正しい背負い方は、ヒップベルトを止めて、ショルダーストラップを引き、背中にフィットさせること。ショルダーハーネスがゆるくてザックの底がお尻の位置になっていると身体への負担が大きくなります。腰で荷物を支えているという感覚になるのがベストで、身体とザックが一体化するのが正しい背負い方です。

また、ザックの中に荷物を詰める、パッキングの仕方も大切です（p82-83参照）。荷物の左右、上下のバランスを考えてパッキングしましょう。

×
NG
下がりすぎは
負荷になる

背中から離れている
ザックの底がお尻にズレ落ちた状態だと、荷物の重量が身体に大きくかかってくる。また、急な勾配の上り坂では、転倒する恐れもあるので正しい背負い方を身に付けたい。

○
OK
腰の位置が
ベスト

背中にジャストフィット
ザックの底が腰骨のところに位置し、ショルダーストラップをしっかり引っ張って背中にフィットしている形。身体と一体になり、スムーズな歩行ができ、疲労も軽減される。

ザックの背負い方

1 ザックに荷物を入れる

荷物を入れて、ヒップベルトの長さ、高さを腰骨に合わせて調整する。

2 ザックを背負う

ザックを背負い、ボトムが腰の位置にきているか確認する。

3 ヒップベルトを締める

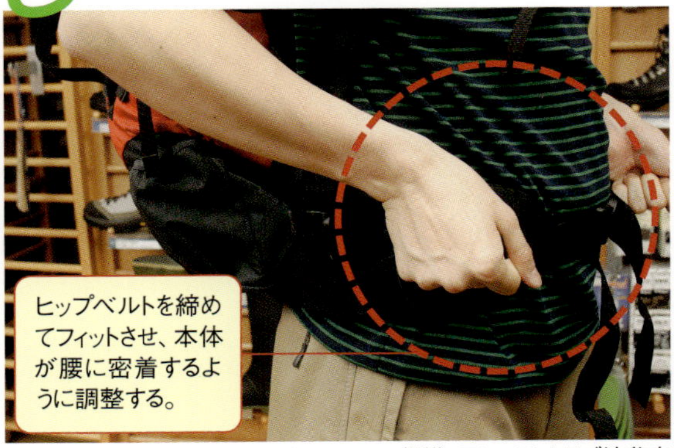

ヒップベルトを締めてフィットさせ、本体が腰に密着するように調整する。

4 ショルダーストラップを引く

ショルダーハーネスが身体にフィットするように、ショルダーストラップを引いてから、ショルダースタビライザーを引き、ザックの上部を身体に引き寄せる。

5 チェストサポートを留める

ショルダーハーネスを安定させるために、チェストサポートを留める。

SIDE
（横）
BACK
（背面）

指導：モンベルクラブ渋谷店

山登りのフォーム

■身体の疲労を軽減する

山登りの歩き方は、平地でのウォーキングと異なる点がいくつかあります。山の場合は、上りと下りがあり、足元も不安定なところが多く、しかも背中にはザックを背負っています。ヒザや足への負荷をできるだけ小さくし、安全に歩行することがコツです。

ウォーキングフォームと大きく違う点は、足の裏全体で着地することです。不安定な地面では、かかとで着地すると滑りやすく、足をひねる危険があります。足の裏全体で着地すれば体重が前脚にしっかりのるので、後ろ足を蹴り上げることもなくなり、脚の負担が軽減されます。

また、目線は足元が基本。足の置きどころをすばやく察知することが、ケガを防ぎます。時折、前方を見るようにし、進行方向を確認します。

勾配によって歩幅を変えるテクニックも身に付けましょう。

歩幅を調整する
歩幅が大きくなると後ろ足での蹴り上げが必要となり、足への負荷が大きくなる。上り、下りでは歩幅を小さくし、勾配が急になればなるほど、さらに小さくしていけば足への負荷が小さくなる。
目線は足元に向けるのが基本
前脚にしっかり体重をのせる
足の裏全体で着地する

■ウォーキングと山登りの歩き方は違う

安全で疲れない歩き方

山道ではかかとで着地すると滑りやすい。木の根や石の上ではケガをする恐れがあるので、足の裏全体で着地すること。また、目線は足元に向けて時折前方を確認しよう。背筋は少し前かがみにして、あまり手を振りすぎないようにするのが、疲れないコツ。

Point

- ●足の裏全体で着地
- ●目線は足元
- ●歩幅を調整する
  （p44-45参照）

段差や不安定なところでは足の裏全体にしっかり体重をのせる。

フラットに着地

シューズのソールは滑りにくくするための構造となっている。不安定な場所でも足の裏全体でフラットに着地すれば滑りにくい。不安定な場所は1歩1歩確実に進むようにする。

かかとから着地すると、滑りやすく足をひねる原因になる。

上りと下りの歩き方

■歩幅を変えて歩く

山の道は単調ではありません。上りと下り、緩やかな勾配と急な勾配では歩き方を変える必要があります。基本の歩き方は、急な勾配の道ほど歩幅を小さくすること。特に下りは足やヒザへの負荷が大きくなるので、歩幅を小さくして対処します。状況によって歩幅を変えることでスムーズな歩行になります。同時に規則的なペースで歩くことを心掛けましょう。

歩き方で登山の疲労はまったく変わってくる。足の裏で着地し、スムーズに体重移動して、適切な歩幅で歩くことがポイント。

歩幅の調整

緩やかな勾配

平地で歩く時とほぼ同じ感覚の歩幅でよい。足場が安定したところなら、前方を見てリズムよく歩けば足や腰への負荷も小さくなる。

急な勾配

歩幅を小さくして歩く。一歩は短いがヒザや足への負担が少なくなり、長時間歩くことができる。

上り・下りのフォーム

上り

踏み出した足に体重をしっかりのせると、自然と後ろ足の体重は抜けている。この体重移動をスムーズにすれば足への負担も小さくなる。また、後ろ足を蹴り上げると落石を招くこともあるので注意すること。

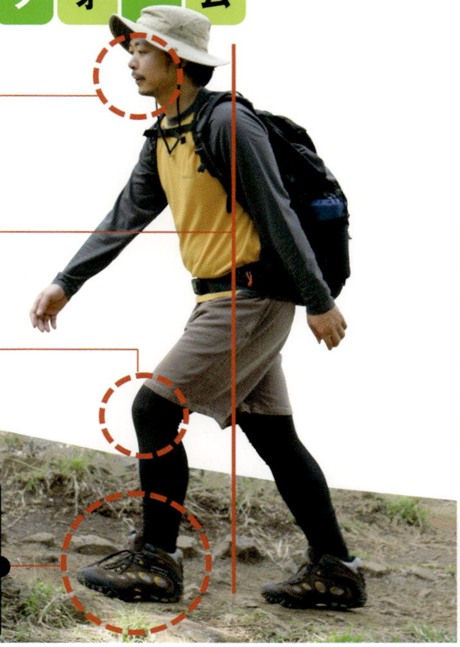
視線を足元に向けるのが基本。時折、前方を見て進行方向を確認する。
前傾姿勢になりすぎないようにする。
急な勾配の時は歩幅を小さくする。平地よりゆったりとしたペースで歩く。

ZOOM
踏み出した足の裏全体に体重をしっかりのせる。

NG
歩幅が大きくなると、踏み込みと蹴り上げに余分な力がかかる。

下り

ヒザと足首を曲げてショックを吸収するのがポイント。勾配が急になるほど腰が引けがちだが、足への負担が大きくなってしまう。少し前かがみになるくらいの意識で歩幅を小さくし、前足にしっかり荷重するのが滑らないコツ。

NG
上半身が後退した姿勢では、前脚に体重がのらずにスリップしやすくなる。

足元をしっかり確認。足場が悪いところでは、横向きに歩いてもよい。
少し前かがみになって腰を落とす。
歩幅を小さくし、ヒザと足首を曲げることでショックを吸収。

ZOOM
踏み出した足の裏全体にしっかり体重をのせる。

COLUMN

シューズと足の形の関係

山登りで、長時間の歩行、不安定な場所での歩行となると、足やヒザへの負担がかなりかかります。それを軽減してくれるのが、登山専用のシューズです。しかし、登山専用のものなら何でもいいわけではありません。登山の内容に合ったシューズを選ぶことはもちろんですが、何よりも自分の足の形に合ったメーカーのものを選ぶことが重要になります。

アウトドアショップなどには、国内メーカー、海外メーカーの商品が置かれています。海外メーカーのものは人気ですが、必ずしも日本人の足の形に合っているわけではありません。最近では海外メーカーでも日本人向きに作られたものが出てきていますが、全てではありません。

アウトドアは欧米が先進であり、欧米の人の足の形は日本人よりも横幅が狭い傾向にあります。よって、日本人がヨーロッパメーカーのシューズを履くと、長さは合っても横幅が窮屈に感じることがあります。

それでは国内メーカーのものを選べばよいかというと、同じ日本人でも足の形は人それぞれ違いますので、そうとも言い切れません。国内メーカーの専門ショップでも、海外メーカーのものも置いており、自分に合ったシューズを選ぶことをすすめています。シューズは実際に試し履きをしてから選ぶことが大切なのです。

自分に合ったものが一番の機能性

また、登山専用のシューズは、不安定な地面から足を守るために、ソール（靴底）が頑丈に作られています。足の裏全体に衝撃が加わり、疲れにくいのも利点です。これに登山専用のソックスでクッション性をプラスするのが基本。靴下は足の形がシューズに合っていない時の微調整をする役割もあります。

シューズ選びのコツは、何よりも専門店で探すことです。知識豊富なスタッフにアドバイスしてもらいながら、探してみましょう。

アウトドアメーカーの専門ショップには、登山の種類に合ったシューズはもちろん、他社メーカーのものも揃えている。自分の足の形に合ったシューズを探そう。

モンベルクラブ渋谷店

里山歩きに出発

Part 2

安全に楽しく山の自然に触れることが、登山者のあるべき姿です。山のルールやマナーをしっかり把握し、正しい歩き方、道具の使い方をマスターして、大自然を満喫しましょう。休憩や食事のとり方も紹介します。

登山者同士の思いやり

■すれ違う時のマナー

山登りのハイシーズンにもなると、多くの登山者が山に入っており、上り下りですれ違うことも増えます。登山者はみんな、山で心地よい気分でいたいと考えています。すれ違う時は気持ちのよい挨拶をしましょう。

また、時にはすれ違うことのできない狭い道もあります。その場合、上りが優先です。上りのパーティの人数が多い時などは、下りの人に先に通ってもらうなどの配慮をしましょう。

Point1
気持ちのよい挨拶をする。大人数のパーティとすれ違う時は先頭と最後尾の人に挨拶したり、会釈をしたりするのでもかまわない。
Point2
ストックがすれ違う人に当たらないように気を付ける。
Point3
下りの人が待機するのが基本だが、上りでも待機する気持ちが大切。

見知らぬ人でも登山者はみんなは山を愛する仲間。気持ちよい挨拶をして、相手を思いやることで、自分も快適な山行ができる。時にはすれ違う時に情報交換をすることもある。

トイレ・休憩所などの使い方

■紙は持ち帰ること

山でのトイレ事情は、施設が整備された山では、山小屋や休憩所、また、コース上にトイレが数カ所備えられています。しかし、そうでない山もかなりあるのが現状。やむを得ない場合は、できるだけコースから離れ、川や沢からも離れたところで、他の人に不快感を与えないように済ませるしかありません。その際は使用済みの紙を必ず持ち帰ること。何よりもトイレがあるところで済ましておくことが第一です。

コースに設置されているトイレ。水不足のところもあるので、節水に心掛けること。

簡易トイレ
登山コースにトイレがないと分かっていたら、簡易トイレを準備しておくと安心。

トイレマナー3か条

1. 紙は持ち帰る
2. やむを得ない場合は自然を汚さないこと
3. トイレの場所を確認しておく

休憩所
屋根があれば日差しから身体を守れ、ベンチや椅子があれば疲れた足を休めることができる。テーブルがあれば食事もしやすい。

山小屋
種類はいろいろあるが、荷物を置いて椅子などで身体を休めることができる。食堂や販売機などが設備されているところもある。

■休憩所・山小屋でのマナー

歩き疲れた時は座って身体を休めたいもの。そんな時に山小屋や休憩所がオアシスになりますが、ここは登山者みんなのものです。先にいる人が優先ですが、混んできたら次の人に席を譲る気持ちでいたいものです。ゴミを持ち帰ることは最低限のマナーです。

山小屋の種類は様々あります(p90-91参照)。宿泊を目的にしているもの、休憩のみのものなど、事前に情報を収集して上手に活用しましょう。

火の元に注意

食事休憩でガスストーブを使ったり、喫煙者は煙草を吸ったりする場合は、火の元にくれぐれも気を付けること。空気が乾燥していればたちまち山火事になる。火を使う場所、後処理に意識を傾けるようにしたい。

携帯灰皿は喫煙者の最低限のマナー。

Chapter 2

山登り前後のストレッチ

準備運動とクーリングダウン

■疲労とケガを防止する

山登りでは急斜面の上り下りがあります。時には両手を使っての上り下りも伴います。ゆったりしたペースなのでそれほど筋肉を使わないように思えますが、ザックを背負って、長時間歩き続けるとなると、下半身のみならず全身の筋肉を使うことになります。

そこで大切なのがストレッチ運動。足首、ヒザ、脚、腰、背中、腕、肩、首など、全身の筋肉と関節をほぐしていきます。また、下山してからクーリングダウンのストレッチをしておくと、疲労が残りにくくなります。

朝起きて
身体を徐々に動かす

登山は朝の早い時間に出発することが多いが、目は覚めても身体はまだ硬直している。朝起きたら軽くストレッチをして身体を動かし、登山前にもう一度ストレッチをするとよい。

ストレッチの効果1
身体が温まっていると、身体の動きがスムーズになる。

ストレッチの効果2
関節、筋肉がやわらかいと、ケガの防止にもなる。

ストレッチの効果3
クーリングオフで関節、筋肉の疲労を軽減できる。

おすすめ

伸ばしの運動

（ストレッチ①）
背中、腰、腕、脚を伸ばす運動。ゆっくり伸ばして静止するのがコツ。

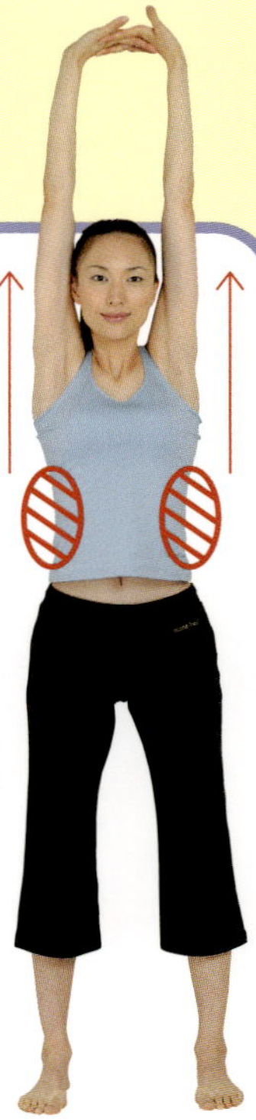

1 背筋を伸ばす

頭の上で手のひらを上に向けて指を組み、腕を伸ばして15〜20秒間静止する。

2 体側を伸ばす

頭の上で、片方の手でもう片方の手首を握り、手首を真横へ引き下ろすようにして体側を伸ばす。反対も同様にする。

3 肩の関節を伸ばす

頭の後ろで、片方の手でもう片方のヒジをつかみ、横へゆっくりと引っ張る。10〜15秒間静止する。反対側も同様に。

4 ふくらはぎ&アキレス腱を伸ばす

木などに両手をつき、片足を後ろに引いてふくらはぎを伸ばしていく。20秒間静止。反対側も同様に。

右と同様の姿勢で、後ろへ伸ばした脚のヒザを曲げてアキレス腱を伸ばしていく。20秒間停止。反対側も同様に。

←次ページへ続く

 ウエア：モンベル　※身体に痛みを感じる場合は無理に行わないでください。

おすすめ

曲げ伸ばしの運動

（ストレッチ ②）
ゆっくり伸ばして曲げていき、
徐々に身体をほぐしていくこと。

1 腰を反らして、曲げる

足を肩幅に開いて両手を腰に当て、ゆっくり胸を反らしていく。

上の状態から、上体 肩 腕の重みで身体を前に下げ、10秒間静止する。ヒザは伸ばしたままにしておくこと。これを数回繰り返す。

2 ヒザを伸ばして、曲げる

身体を前に曲げてヒザに両手を当て、ヒザをゆっくり伸ばす。

上の状態からヒザをゆっくり曲げる。これを数回繰り返す。

3 下肢のストレッチ

右手を壁に付けて立ち、左足の甲を左手で持って、かかとをお尻に近づける。反対側も同様にする。

椅子に腰掛けて片脚を水平に上げる。つま先を立ててヒザの方に近づけていき、今度はつま先が下に向くように伸ばす。その後、右回り左回りに4回ずつ回す。

おすすめ

ほぐしの運動

(ストレッチ 3)

股関節、首、足首をほぐしていく。
何度か繰り返すとより効果的。

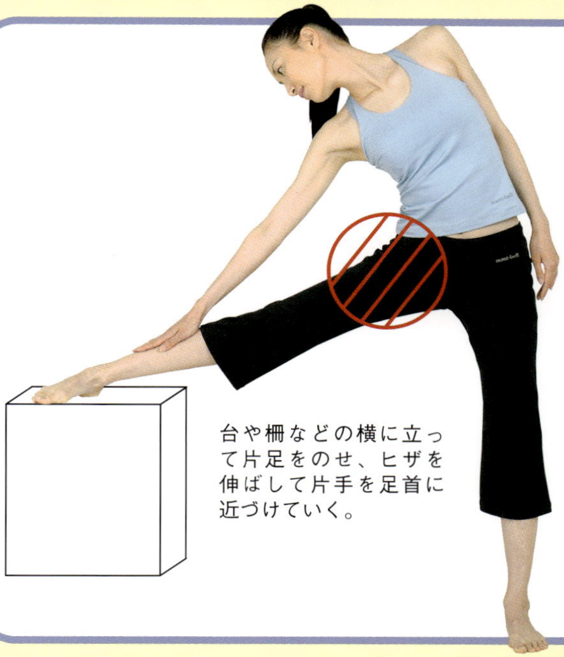

台や柵などの横に立って片足をのせ、ヒザを伸ばして片手を足首に近づけていく。

1

股関節をほぐす

台や柵などに正対して片足をのせ、ヒザを伸ばして上体をゆっくり倒していく。

3

足首をほぐす

片足のつま先を立てて足首をぐるぐる回す。反対の足も同様にする。

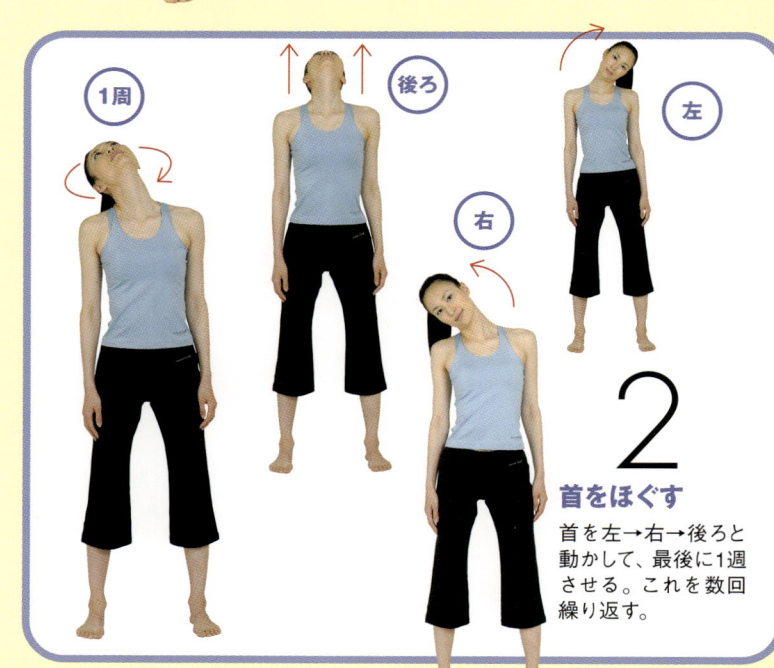

2

首をほぐす

首を左→右→後ろと動かして、最後に1週させる。これを数回繰り返す。

パーティでの歩き方

■先頭と最後尾に経験者

パーティのメンバーと役割が決まったら、次に歩く順番を決めます。

先頭と最後尾にリーダーとサブリーダーがつきます。入れ替わってもかまいません。できればリーダーとサブリーダーは経験者で、余裕を持って歩くことができる人がよいでしょう。その間に初心者や体力に自信がない人を挟みます。

ペース配分はリーダーの仕事です。メンバーの中で最も体力のない人の速度で規則的に歩くようにしましょう。

登山計画書にメンバーを記入

登山計画書（p38参照）には、パーティのメンバー全員の名前や年齢、連絡先を記入すること。遭難などをした際にその情報が救助の判断材料となるので、必ず記入して届けておこう。

パーティの歩き順

4.リーダー
最後尾から全体を把握する役目。ペース配分や休憩のタイミングの指示もする。
2.初心者
経験が浅い者はサブリーダーの歩き方を見習って付いていく。
3.体力が弱い者
初心者や体力が弱い者はリーダーの前を歩く。2と入れ替わってもよい。
1.サブリーダー
山道、コースを把握しており、体力がある者が先頭を歩いて、メンバーを引っ張る。

1Point Advice
先頭はメンバーのペースを確認できるくらいの余裕を持ちましょう。

山の楽しみ方

仲間との登山は、歩くことだけでなく、会話や自然観賞などを一緒に楽しむことができる。感動を共有し合うことも山登りの魅力である。

順番を守って歩くことで、ペースが安定する。広い道では並行してもよい。

興味あるものを見つけたら仲間に教えるのもよい。複数人いるからこそ発見の機会も増え、より深く山を楽しむことができる。

ストックの使い方

■身体の負荷を軽減し、安全な歩行

急斜面や滑りやすいところ、上り下りでは、ストックを使いながらの歩き方もあります。不安定な足元もストックを使うことによって安定感が増し、安全な歩行をサポートしてくれます。最近では2本を使用してスムーズな足運びを促すスタイルも増えています。また、収納は2段、3段の収縮型がほとんどで、使わない時は荷物になることもありません。長さの調整システムや握りやすいグリップなど、機能も充実しています。

ただ、このストックの先端部分の石突きで、登山道や木道、植物などを傷つけてしまう恐れがあり、周囲の人に当たるとケガの原因にもなりかねません。ストックにはゴムキャップを付けましょう。

体重がストックにも分散されるので、疲れにくくなる。

ストックの役割

T型
I型
2本使用するとより安定感が増す。歩行もスムーズになる。
グリップ
滑りにくく握りやすいものを選ぶ。I型グリップ、T型グリップがある。
シャフト
軽量で強度の高いものを選ぶ。3段の収縮型ならよりコンパクトに収納できる。
バスケット
岩などにストックがとられることを防ぐパーツ。無雪期用や積雪期用がある。
石突き
登山道に突く部分。自然や木道などを歩く時、また収納時はキャップを装着する。
mont·bell
T GRIP
ALPINE POLE

商品：モンベル

ストック活用法

持ち方

I型
I型
T型

I型グリップは手のひらでしっかり握るのが基本。上に被せるように握る方法もある。T型グリップは上から被せるように握る。

使い方

ダブルストック
シングルストック

ストックに重心が分散されることで、脚への負担が軽減される。ダブルストックはバランスがとれて、歩行がスムーズになる。

ダブルストックのフォーム

SIDE
（横）
踏み出す足の横に突く

ストックを突くポイントは、前に出した足のすぐ横。そうすることでテンポのよい走行をすることができる。

FRONT
（正面）
脇を締める
脇を締める

脇を締めて足の運びと同じリズムで前に出していく。歩き方はストックがある時も、ない時も基本的には同じ。

正しい荷物の準備

■基本は軽量コンパクト

有名な登山家の「必要なものは何ひとつ忘れず、不要なものは何ひとつ持たない」という言葉があります。山登りを安全かつ快適にするために必要な装備はたくさんありますが、荷物は軽くて少ない方が、負担が少なく歩行できます。

同じ機能を持っているのなら軽量のものを購入するように心掛け、行動食や食糧の選定も重量を考えて選び、少しでも軽くするようにしましょう。機能性の高いザックに、必要なものを、左右バランスよくパッキングし、正しくザックを背負うことが、快適な歩行をサポートしてくれる秘訣です。

日帰りの登山では、それほど多くの装備は必要ではありません。必要最低限の装備を忘れることなく、準備しておきましょう。

荷物が軽い
＝負担が小さい
荷物が重い
＝負担が大きい

歩幅の調整

平地

まっすぐ手足を出して歩く。身体が左右に揺れないようにすること。

緩やかな勾配

歩幅を少し狭めて重心が後ろに傾かないように前足に重心をのせる。

急な勾配

歩幅を小さくし、重心を前足にのせる。極端な前傾姿勢にならないように注意。

バテない歩き方

Point ペース
急な勾配はゆっくり、緩やかな勾配は少しペースUP。

Point 歩幅
急な勾配は小さく、緩やかな勾配は少し大きくする。

一定のリズムで

山歩き初心者で、最初は軽快に歩いていたのに、途中からスタミナが切れて歩けなくなるような人を見かける。これは歩くリズムが悪い証。

山の歩き方は一定のリズムで歩くのが基本だが、山には急な勾配、緩やかな勾配、段差、足場の悪いところなど、様々な道がる。これらを一定のスピードで歩くことはできない。一定のリズムとはスピードではなく、心肺機能を一定に保つこと。つまり脈拍数を一定させる歩き方である。心臓に負担がかからないようにゆっくり歩こう。

急な段差は小幅で歩く

足への負担を軽減するコツは、一度にかかる負荷を小さくすること。つまり一歩の歩幅を小さくするのだ。これは勾配が急になれば急なほど効果的で、後ろ足で蹴り上げる力が小さくなる。その結果、体重移動がスムーズになり、足へ余分な負担がかからない。

1Point Advice
岩場や鎖場ではストックはしまいましょう。

様々な道の歩き方

■木道、丸太橋、吊り橋の歩行

山には土の道だけではなく、ときには木道、吊橋、丸木橋といったものも出てきます。

木道は乾いていれば問題ありませんが、雨や朝露などで濡れている場合は滑りやすくなり要注意です。傾斜があるところ、道が長く続く場合は、日本手拭を裂き、靴に巻きつけるとスリップ防止になります。

丸太橋や吊橋は、まず見て橋そのものの安全性を確認します。常に整備されているとは限りません。濡れていたり、幅が狭かったりする場合は、横向きのカニ歩きが安定し、ストックでバランスをとればより安心です。長い吊橋は、早く渡ろうとすると揺れが大きくなります。視線を少し前に向ければ恐さが和らぐでしょう。

濡れた道でも足の裏全体で着地すれば滑りにくくなる。

丸太橋 川などにかかっている丸太でできた橋。狭く、曲面なので着地を丁寧にすること。自信のない人は横歩きやストックで支えながら渡るとよい。

木道 平坦な道なので歩きやすいが、濡れていたり、砂利がのかっていたりすると滑りやすくなる。その時の状況をしっかり確認して歩行すること。

雨の後の道
雨が降っていなくても陽当たりの悪い場所や、霜が降りている場所は滑りやすくなっている。歩幅を狭め、足の裏全体での着地を徹底すること。

吊り橋 種類にもよるが、狭く安定感のない橋は一人ずつ渡ることが基本。高所が苦手な人は前方を見てゆっくり渡るようにしよう。

1Point Advice
気温が上がって雪がやわらかくなった時の方が楽に歩行できます。

■雪道や雪渓の歩き方

夏でも北アルプスなどでは雪が残っています。雪道や雪渓で注意したいのはスリップ。危険につながるのはもちろんですが、体力を消耗させます。

雪道や雪渓歩きの基本は、足をフラットに置くことです。勾配が急な場合はキックステップといってつま先を蹴り込む技術を使います。雪が硬い場合、または長く続く場合はアイゼンを使用した方が楽になります。

アイゼンは山、目的によって爪の数やデザインが変わりますが、雪渓や低山では4本から6本爪の軽アイゼンが使用されます。爪が雪に食い込むことで、スリップを防止してくれるので、冬の低山でも持っていると安心です。ストックと併用すればより安定が得られます。

春や夏でも標高の高い山は残雪がある。事前に情報収集をし、雪道対策をしておくこと。

雪山登山用シューズ&グッズ

グリッパー
シューズに簡単に装着できる滑り止めは、軽量でコンパクトなので携行に便利。木道用(右)と凍結路面用(左)。

アイゼン
ゴムバンドでシューズに簡単装着できるアイゼン。アイゼンの爪でスリップを防ぐ。夏の雪渓や冬の低山で使える。

雪山登山用シューズ
雪山登山用シューズの重量は、一般の登山シューズに比べて少し重くなるが、耐久性や保温性が高く、本格的な雪山に対応している。12本爪のアイゼンを装着することができ、スリップを防止する役割がある。

商品：モンベル

休憩のとり方

■50分歩いて10分休憩

山行スケジュール(p34-35参照)には休憩時間も組み込んでおかなければなりません。基本的に休憩は50分歩いたら10分とります。10分の小休止、15〜20分の中休止、30分以上の大休止など、あらかじめ、どれくらい休むかを決めておき、その時の状況によって調整するのが理想です。

また、体力を消耗した場合は、50分たっていなくても休憩をとるなど、臨機応変に対処しましょう。

休憩は水分補給、栄養補給、トイレ、衣類調整などが中心になりますが、この先のコース確認やスケジュールの調整なども行いたいものです。パーティのメンバーと意思統一をはかっておくのもよいでしょう。

無理な歩行はしない
体調が悪い時、バテそうな時は無理をせずに休憩をすること。休憩所や山小屋で休憩できればよいが、近くにない場合は、他の人の歩行の邪魔にならない広い場所に、腰を下ろして身体を休める。軽いストレッチを行うと、身体の疲労を軽減するのに効果的。

休憩のモデルケース

山頂までの山行を想定した、休憩のとるタイミング、とり方を考えてみる。

START 9:30

登山開始
身体を目覚めさせる感じで、最初はゆっくり歩く。

10:20

1回目の小休憩(10分)
水分を補給し、靴ひもや、衣服の調整をする。

11:20

2回目の小休憩(20分)
ハードな道が続いたので行動食をとるなどして、長めの休憩にする。

12:30

山頂で休憩(60分)
水分補給と食事をとる。身体を休めて景色を見ながら気分もリフレッシュ。

水分補給の仕方

■少量ずつこまめに補給

山登りでのエネルギー消耗は大きく、汗も多量にかいています。そうなると脱水症状、それにともなう疲労、熱射病、日射病などを招いてしまいます。水分が出ていく分、こまめに補給をしなければならないのです。山登りでの行動中に補給する量は1～2リットルが通常と言われています。

ただし、一度に大量の水分補給をするのは避けること。暑い日には水は宝となり、途中で切らしてしまっては、残りの山行に支障をきたします。山によっては水を確保できないこともあるので、計画的な補給を心掛けること。また、わき水や川の水も安全性を確認できていない場合は、飲むのを避けるのが賢明です。

大量の水分を一度に補給すると、腹痛の原因になることもある。少量をこまめにとることが基本。

ウォーターボトルは必需品。1～2リットル（山登りでの行動中に補給する通常の量）を目安に選ぼう。

山小屋の水は、ポンプで吸い上げているところもあり、時によってはその量は限られている。他の人のことを考えて、節水するのがマナー。

ウォーターボトルカタログ

光のあたる場所にぶら下げておけば、防水ソーラーパネルの充電を行い、夜はランタンとして使えるボトル。

バルブを軽く噛むだけで口が開いて水分補給ができるタイプ。逆さにしても漏れることなく、持ち運びもしやすい。

1リットル入りで175グラムという軽量タイプで、衝撃にも強い。においも少ないポリカーボネイト製。

商品：モンベル

エネルギー補給の仕方

行動食は何種類かを袋にまとめておくと便利。

■行動食を活用する

水分だけでなく、エネルギーが不足すると、身体がしびれたり、体調を崩したりの支障が出ることがあります。山頂などで昼食をとる場合もありますが、必ずしもよい状況で食事ができるとは限りません。エネルギー補給はこまめにとるのが原則です。そんな時に活用したいのが行動食です。行動中に食べる食事を総称して、行動食と呼ぶこともあり、行動中の休憩ごとに食べるという意味もあります。

行動食の種類は、おにぎり、パン、ゼリー、ようかん、カロリー補給食など様々ですが、エネルギーが多く、荷物にならないものが最適です。また、行動食は、もし遭難した時などの非常食にもなります。

体力の消耗を防ぐ

登山は常に身体を動かしているので、普段の生活以上に体力を消耗している。小休憩の時などに、水分と一緒に行動食をこまめにとっておくのが理想。エネルギー不足は、その後の山行に支障をきたすので注意をすること。

ゴミは持ち帰る

ゴミは全て持ち帰ることがマナー。みかんやバナナの皮など、自然に還るものも持ち帰ること。人間の手で自然の生態系を変えてはいけない。

行動食の種類

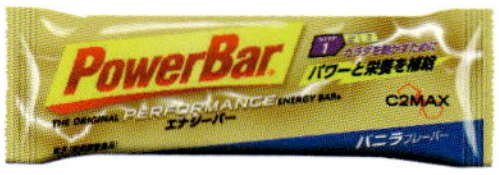

エネルギー補給食品

持ち運びに便利なコンパクトサイズでありながら、たくさんのエネルギー量を効率よく補給できる。

チーズ

ベビーチーズなど、小さいサイズのものが便利。お腹を満腹にすることはないが、こまめにとりやすい。

パン類

菓子パンやサンドイッチなどもお腹を満たす食品。軽いので荷物にもなりにくい。行動食の定番である。

おにぎり

小さくてボリュームのある行動食。こまめに行動食をとりたい場合は、二口、三口で食べられるサイズにすればよい。

非常食の種類

チョコレート

非常食の定番。糖質は身体の中でエネルギーになる時間が速い。夏場は溶けてしまうので注意しよう。

サラミソーセージ

保存性が高くて荷物にもならない。魚肉ソーセージなども便利で、非常食としてではなく、行動食としてもよい。

ゼリー

一口サイズのゼリーが便利。夏などの食欲のない時でも食べやすいので、体力消耗を防ぐことができる。

アメ

小休憩ごとに一粒口に入れるなどして、エネルギーを補給。小さいので非常食としてもってこいの食品。

アウトドアショップなどで販売されている、登山者に人気のエネルギー補給食品。バータイプで食べやすく、ジェルタイプも便利。

商品：ネスレ日本

取り出しやすいところに

重いものを背中側に入れたり、すぐに必要のないものを底に入れておくのがパッキングの基本。行動食はすぐに取り出せるトップにあると便利。また、行動食を小分けしてパッキングするなどの工夫も大切。ただし、荷物の量が増えないように気を付けること。

※パッキングの仕方はP82参照。

山での食事

■売店などの活用

山での食事は山登りの楽しみの一つです。行動食(p64参照)を備えておくことも大切ですが、山頂などに売店があれば、それを利用するのもよいでしょう。山によってはその土地の名産物を出しているところもあり、それを目的にしての山行も楽しいものです。

ただし、ハイシーズンは混雑し、テーブルが埋まっていることもあります。また、それをあてにして行動食を常備しなくてよいわけではありません。

■山小屋での食事

山小屋に食堂が設備されているところもあります。その土地の名物がメニューになっていることが多く、登山者の至福のひとときを提供しています。

また、自炊する場合は、山小屋に自炊室があるか、水は確保できるかを確認しておきましょう。その場合は材料で荷物がかさむことになるので、パーティのメンバーと分担してパッキングすると負担が小さくなります。

山小屋で自炊する例

山での料理はコンパクトで軽量の道具を選ぶ。初心者や体力に自信のない人は、無理をして荷物を増やさないようにしよう。

自炊のコツ

山での自炊料理の基本は、「軽い」、「おいしい」、「腐らない」。特に夏場は腐りにくい食材を選ぶこと。また、山小屋に水が確保できるか確認し、できるだけ水を使わずにできる料理にすること。ゴミが出にくい料理を選ぶのも大切なポイント。

- 準備1 自炊室があるかを確認
- 準備2 水の有無を確認
- 準備3 材料は下処理をしておく

高尾山の山頂ー食事編

食事処
高尾山は山麓、山腹、山頂に食事処がある。そばが有名で山の幸の具が入っている。

売店
お弁当や軽食、飲み物、アイスクリーム、土産物などが販売されている。

販売機
飲み物の販売機も数台設置されている。ここでウォーターボトルに補給するのもよい。

蕎麦だんご
蕎麦粉で作っただんごは、行動食としても最適の一品。

山菜蕎麦
春の恵みを堪能できる。秋にはきのこ蕎麦もある。

天麩羅蕎麦
高尾山名物の蕎麦に四季折々の食材の天麩羅がのる。

商品：山門前もみじや

ガレ場・ザレ場の歩行

■落石に気を付ける

岩が重なっているところをガレ場、小さな石が重なっているところをザレ場と言い、山によってはこれらを通過しなければなりません。どちらも足元は不安定で歩行しにくく、落石や転倒につながる恐れがあります。

これらの難所を歩行する際は、足の裏全体で着地して、体重を前足にしっかりのせるように、いつも以上に意識すること。後ろ足を蹴り上げるような歩き方は、落石を招いてしまい、後ろを歩く人に危害を与えかねません。

後ろ足を蹴り上げると落石する可能性がある。小石でも高いところから落下すると、重量が増すので危険。

ザレ場
小石が重なっているところ。滑りやすく不安定なので、基本の歩き方を忠実に守る。

ガレ場
大小の岩が重なっているところ。足を置きやすい岩を選んで進むのがコツ。

歩き方のポイント

歩幅を小さくする
体重移動をスムーズにし、足への負担を軽減するために、歩幅は小さくすること。時折前方を見ながら常に足元を注意すること。

里山にある難所

■山を軽く見ると危険

標高1000mにも満たない山でも、危険がともなう道はあります。ザレ場もあれば、木の根が張りめぐって不安定になっている場所などもあります。基本の歩き方を守って、注意深く進むことが大切です。

足場が不安定
沢沿いも石が多く足元が不安定な場所。しかも、岩や石が濡れて滑りやすくなっているのでさらに注意して歩かなければならない。

崖
足を滑らして転倒したら、そのまま崖に落下という場所も少なくない。周りに気をとられて、足元が散漫にならないようにしよう。

捻挫の危険
足場が悪いところでは着地の際に足をひねる危険がある。足元にも意識を向けるようにすること。

岩場の上り方

✕ NG

へばりつくと危険
恐怖心から前のめりになりがちだが、足が滑りやすくなるので逆効果。

○ OK

上半身はまっすぐ
上体を岩からはなせば重心が垂直になり、滑ることを防げる。

三点確保
両足両手のうち、三点で身体を支え、一点を動かしながら上っていく。

COLUMN

山岳保険への加入

“いざ”という時のために加入を

山には危険が伴います。ケガに加えて、遭難する可能性もあります。そんな時に助けとなってくれるのが、山岳保険。これは普通傷害保険に運動危険割増（本格的な山岳登攀を保険するための割増保険料）が付いており、登山の形態や日数により、種類は様々です。

山岳保険は、日本山岳協会の「日本山岳協会共済会」（団体専用）から、損保会社の保険、アウトドアメーカーの保険など、あらゆる媒体が設定しています。保険内容は各種違いがありますので、自分の登山形態に合ったものに加入するとよいでしょう。掛け金も年間数千円～数万円と様々です。低山だから大丈夫という安易な考え方では、いざ事故に遭った時に後悔しか残りません。

安全で安心できる山登りを実現するためには、山岳保険の加入が必須です。

山岳保険加入先の例

日本山岳協会 / 各自治体の山岳協会 / 傷害保険会社 / アウトドアメーカー

アウトドア総合ブランド「モンベル」の山岳保険

補償内容（基本）

死亡保険金	事故の日からその日を含めて180日以内に後遺傷害が生じたした時に、死亡・後遺障害保険金額の全額が支払われる。
後遺傷害保険金	事故の日からその日を含めて180日以内に死亡した時に、後遺障害の程度に応じて死亡・後遺障害保険金額の一部から全額が支払われる。
入院保険金	事故の日からその日を含めて180日以内に、そのケガがもとで入院した時に、規定の金額を支払われる。
手術保険金	入院保険金が支払われる場合で、事故の日からその日を含めて180日以内に、そのケガの治療のために、規定の手術を受けた時に、規定の倍率を乗じた金額が支払われる。
通院保険金	事故の日からその日を含めて180日以内に、そのケガがもとで通院した時に、規定の金額が支払われる。

補償内容（特約）

傷害医療費用保険金	ケガにより医師の治療を受けた時に、公的医療保険制度などを利用した期間に負担した実費。
個人賠償責任	他人にケガをさせたり、他人のものを壊して法律上の賠償責任を負った時に、保険金が支払われる。
携行品損害	住宅外で携行している身の回り品に偶然の事故により損害が発生した時に、保険金が支払われる。
受託品賠償責任	管理する受託品の損壊・紛失・盗難などにより、法律上の賠償責任を負った時に、保険金が支払われる。
救援者費用など	被保険者や法定相続人が捜索や救助にかかる費用、または救援者の旅費などの費用を負担した時に、保険金が支払われる。

※注意：モンベルの山岳保険加入は、モンベルメイトのメンバーに限られます。

Part 3

高い山の登山

雲の上に立ち、そこから眺める景観は格別です。
自分には無理だと思っている人も心配ありません。
ゆとりあるプランで
基本をしっかり身に付ければ、
山頂の魅力を味わえることでしょう。
山登りがどんどん楽しくなるはずです。

Chapter 1

累積標高から山を選ぶ

標高と歩行距離の関係

■上り下りが続けば距離は延びる

登山口は、標高0mではありません。標高は海抜から測ったもので、登山口の標高はすでに高くなっています。つまり、山の標高だけでは登山の道のりを判断できません。

また、登山コースは登山口から山頂まで一直線に伸びていません。左右に曲がったり、上り下りを繰り返しながら山頂にたどり着くので、歩行距離を標高だけでは判断できません。低い標高の山の方が、高い標高の山よりも、歩行距離が長い場合もあるのです。標高においても、上り下りを全て計算すると実際の数字以上の上りをしたことになります。これを累積標高と言います。

累積標高はエリアマップではなく、2万5000分の1地形図から測ることができます(p74-77参照)。

大菩薩

標高2056.9m

上日川峠から唐松尾根経由で大菩薩陵、大菩薩峠経由で下る。

7.5km

高尾山

標高599m

登山口から山頂を結ぶ1号路の距離は3.8km。往復で

7.6km

1Point Advice

距離と標高差が判断の目安

2000m級の山も経験を重ねて体力をつければ、あきらめる山ではありません。

■尾根の歩き方

尾根は山の峰と峰を結んで高く連なっているところです。山登りの中で、山頂から次の山頂へと、尾根をたどっていく歩き方があります。これを縦走と言います。例えば、八ヶ岳の場合、硫黄岳から、横岳、赤岳、阿弥陀岳と、複数の山頂を経由することができます。

尾根は山の背にあたる部分なので見晴らしのよいところが多く、気分も壮快です。

高い山をラクに上る方法

B
大菩薩登山口までバスで移動。丸川峠分岐点から丸川峠経由の尾根伝いで山頂へ

コツ 緩やかな道と急な道が繰り返すので、歩幅の大小を使い分けて上ると身体への負担が軽減される。

コツ 終盤の急勾配に備えて、ゆっくりしたペースで上る。急勾配に入ったら、小休憩を挟んで上るとよい。

A
上日川峠まで自動車で移動。唐松尾根経由で山頂へに

コツ 距離は長くなるが、緩やかで歩きやすい道が続くので、テンポよく歩く。大菩薩峠までは一気に行ける。

C
上日川峠まで自動車で移動。大菩薩峠経由で山頂へ

A
距離—短い
終盤にゴロ石の急勾配がある。

B
距離—長い
緩やかな勾配と急勾配が続く。

C
距離—長い
緩やかな勾配が続くが距離が長い。

日本一高い山・富士山も途中から

日本の最高峰である富士山の標高は、3776m。毎年多くの人が登山に訪れている。ただ、登山口は5合目で、そこまでは自動車で上らなければならない。例えば、富士宮口の5合目の標高は2400mもあり、山頂までは残り1376mとなる。また、他にもいくつかの登山コースがあり、同じ5合目でも標高や勾配はそれぞれ違う。自分の上り方に合ったコースを選ぶことが、山登りを楽しくするコツである。

Chapter 2
地図の見方&読み方

2種類の地図

■2万5000分の1地形図を読む

コースガイドが記載されたエリアマップは、分かりやすくて初心者には心強い味方です。複雑な登山路が明確に表記されていれば、イメージもしやすくなります。しかし、このエリアマップでは、勾配やアップダウンなどは分かりません。そこで役に立つのが縮尺2万5000分の1の地形図。様々な記号や線があり、複雑に見えますが、内容を理解さえすれば山の状況をより明確につかむことができます。これとエリアマップを併用して使うと便利です。

地図を見ながら歩行する。スケジュールと照らし合わせながら歩行することが大切。

2万5000分の1地形図

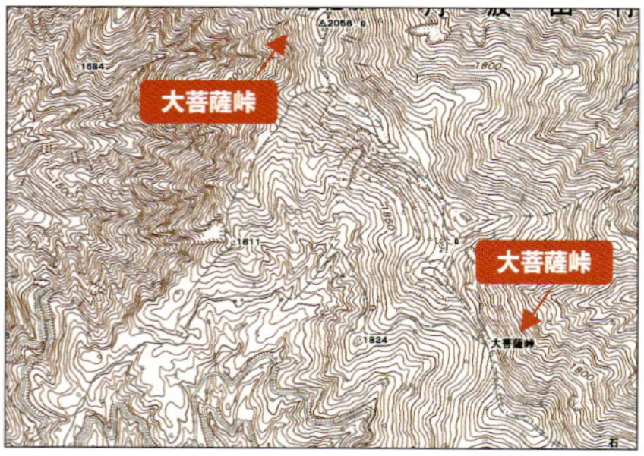

航空測量によって作成された地形図。縦60km、横90kmほどが1枚の地図になっており、記号や線で地形を表している。

エリアマップ

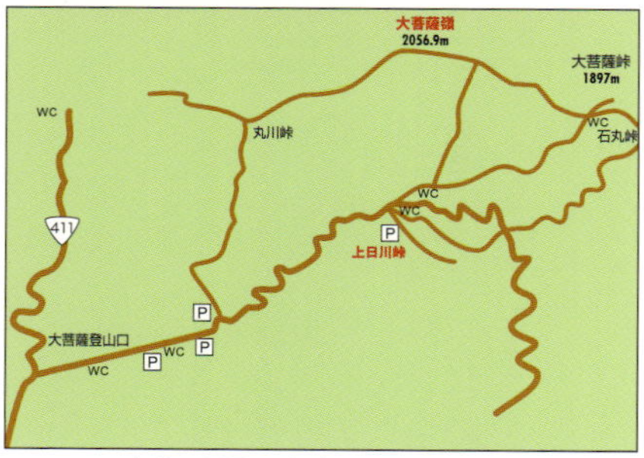

コース、歩行時間、山小屋などの施設が、イラストや文字で記載されているものもある。ガイドブックなどにも付いている。

1 Point Advice

エリアマップは参考程度に

エリアマップは見やすい反面、地形が分かりにくいという難点があります。コースガイドの歩行時間も休憩や自然観賞をする時間を省いた数字ですので、参考にしかなりません。大まかな山の状況を確認する程度にし、具体的な情報は2万5000分の1地形図から読み取るようにしましょう。

メリット
- コースタイムが分かりやすい
- 施設などの情報がひと目で分かる
- 登山のみの情報に集約されている

デメリット
- 地形が分かりにくい
- 累積標高が分からない
- 登山道以外の道が分からない

エリアマップの見方

大菩薩

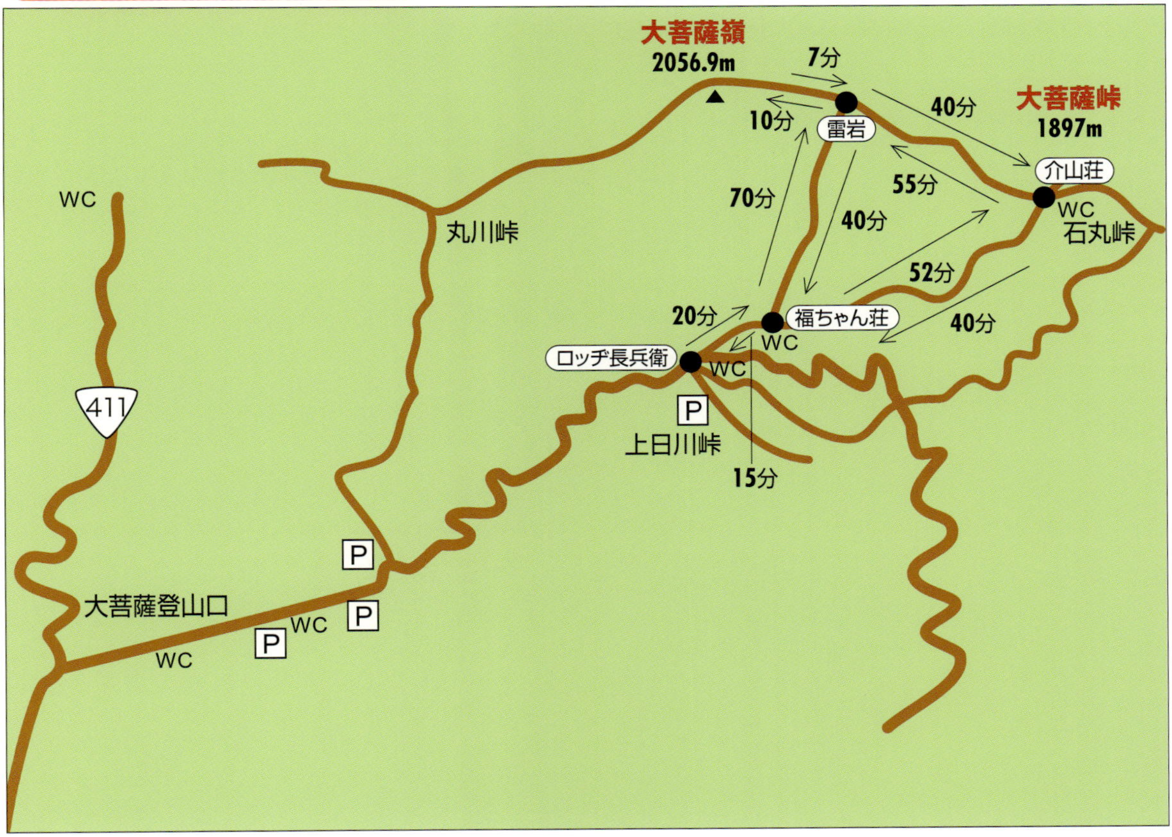
大菩薩嶺
2056.9m
7分
10分
雷岩
40分
大菩薩峠
1897m
介山荘
55分
70分
40分
WC
石丸峠
52分
40分
丸川峠
20分
福ちゃん荘
WC
ロッヂ長兵衛
WC
P
上日川峠
15分
WC
411
P
大菩薩登山口
P
WC
P
WC

解説

コース
登山道が明記されている。分岐点なども分かりやすく、コース設定ができる。

コースタイム
コースタイムが記載されている。これは純粋に歩き続けた際の時間で、休憩時間などは入っていない。

山小屋（休憩所）
山小屋をはじめ、休憩所が記載されているので、休憩のタイミングを決めやすい。

トイレ
山にはトイレが少ない。トイレの場所を全て把握しておけば安心。

パーキング
自動車で移動する人は、場所を把握しておきたい。駐車台数も確認しておくこと。

名称
山頂や峠などの名称も記載されている。それを基準にしてプランを決める。

2万5000分の1地形図

■1cmを250mで計算する

※下記の地図は拡大しており、実寸ではありません。

2万5000分の1という数字は縮尺の数字です。地形図上の1cmが実際の250mになります。つまり4cmで1kmです。平地ならこれを基準に距離を導き出すことができますが、山の場合は勾配やアップダウンがあるのでモノサシだけでは実際の距離を測れません。それを導き出すのが等高線という何重にも入っている線です。

等高線は標高10mごとに線が引かれ、50mごとに太線になっています。そして、山頂から見て等高線が突き出たところが尾根、下からくい込んでいるところが谷になります。これを踏まえてアップダウンを差し引いて出された数字が、累積標高になります。また、この線と線の間隔が狭いほど勾配が急になります。

さらに地形図上には道路の種類や道幅、ガケ、建物なども記号で表されており、これらから地形とその土地の状況をつかむことができるわけです。

2万5000分の1地形図
現在地を把握するにはコンパスの知識も必要だが、まずは地形図の内容を覚えよう。

1Point Advice
エリアマップ
初心者の場合、エリアマップから始めてOKです。2万5000分の1地形図は徐々に取り入れていけばよいでしょう。

距離と勾配を読み取る

※下記の地図は拡大しており、実寸ではありません。

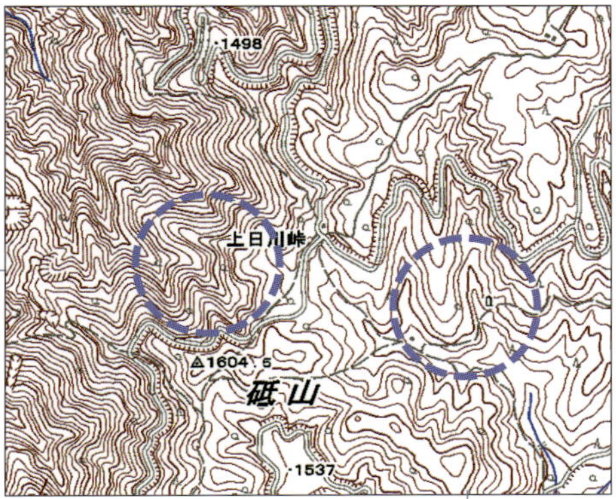

ZOOM

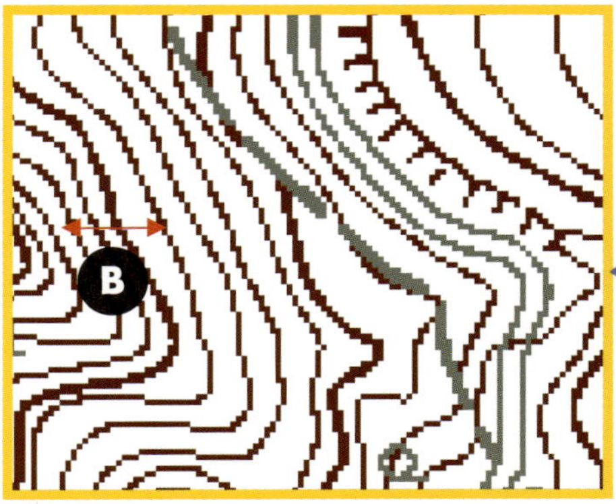

等高線の間隔が狭い＝急な勾配

等高線は4本入っている。仮にBを1cmとすると、250mの距離で40m上ることになる。

ZOOM

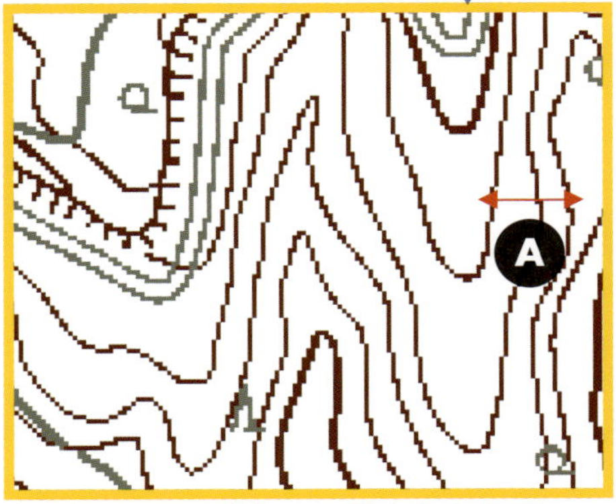

等高線の間隔が広い＝緩やかな勾配

等高線は2本入っている。仮にAを1cmとすると、250mの距離で20m上ることになる。

AとBは同じ距離　解決

AとBは同じ距離です。しかし、Aはその間で等高線が2本（標高20m）、Bは4本（標高40m）になっている。つまり、Bの方が勾配が急な道ということになる。急な勾配を避けたい時は、Aのコースを選べばよい。

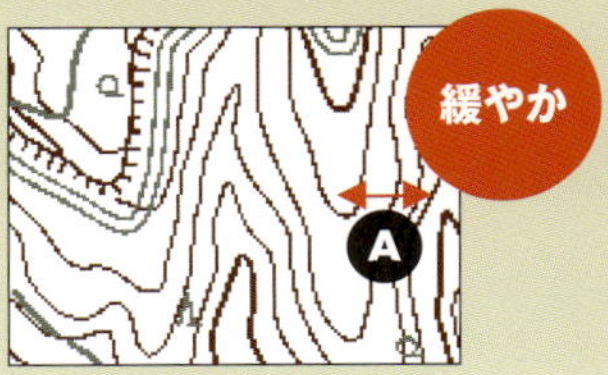

1 Point Advice

初心者は緩やかなコースを選ぶ

急勾配の道が続くと体力的に厳しいという人は、等高線を参考にして緩やかなコースを選ぶようにしましょう。これまで登山した山の地形図から、自分が上った累積標高が読めれば、高い山でも上ることができるかどうかを判断できます。

緩やかな道は多少距離が長くなっても身体への負担が小さい。ハイキング用のシューズでもOK。

2万5000分の1地形図を極める

■地図から見える山の状況

山の地形を読むには、等高線以外に地形図上にある数々の記号が参考になります。

登山道は破線で表記されており、これは1.5m未満の道路を意味します。林道は実線で記されています。また、神社や建物、一般道、針葉樹林、広葉樹林、記念碑なども記号で記載され、大切な情報となります。コース確認、現在地の確認もこの記号が手がかりとなるので、主要なものは覚えておきましょう。

矢印部分の記号は「崖」の意味。事前に把握できていれば、パーティのメンバーにも早く伝達できる。

登山口で現在地と方向を確認

歩き始める前に、まず現在地を確認しておく。そして、歩く方向を確認してからスタートする。

休憩時間にも確認

休憩時間を利用して、コースを確認する。現状を踏まえて今後のスケジュールを立て直す。※写真はエリアマップです。

雨の日はケースに入れる

どんな天候でも地図は必ず必要。雨の日は透明なケースに入れておくと、地図を濡らすことなく、活用できる。

1Point Advice

2万5000分の1地形図に、コースや基準となるところをペンなどで記しておきましょう(p80参照)。そうすれば、初心者でもエリアマップ同様に、登山中に活用することができます。

地図から分かる状況

※下記の地図は拡大しており、実寸ではありません。

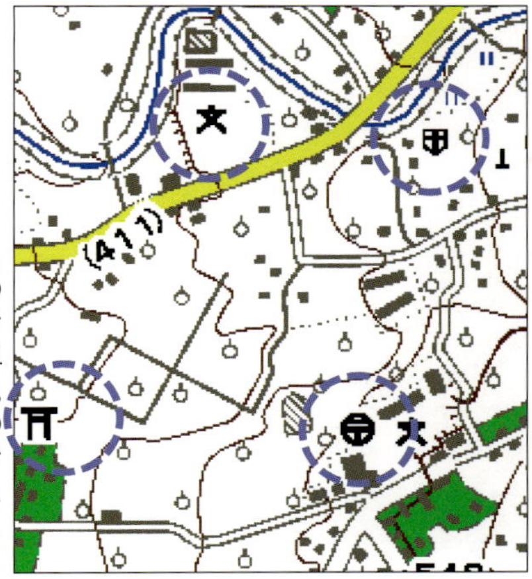

施設

登山口の多くは近くに神社がある。この記号を覚えておけば、登山口を簡単に探すことができる。他の建物、施設の記号も覚えておけば、手がかりが増えて地図を読みやすくなる。

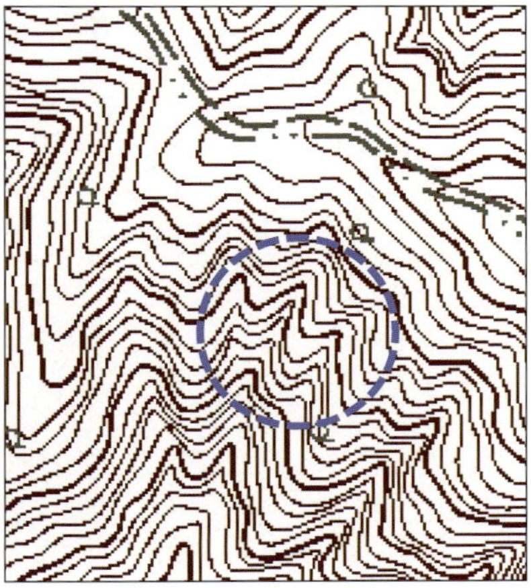

地形

等高線の入り方を覚えておけば、勾配と距離、さらに上り下りの判断ができる。この地形を参考にコースを決めたり、休憩のタイミングなどのスケジュールを立てたりする。

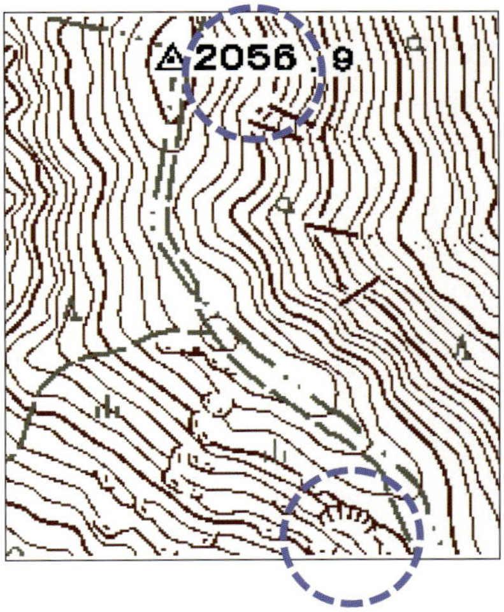

山の基点

標高は数字で記載されている。三角点は三角測量に用いる際に経度、緯度、標高の基準になる点のことで、見晴らしのよい場所に設置されているため山頂付近が多い。また、崖の記号も覚えておきたい。

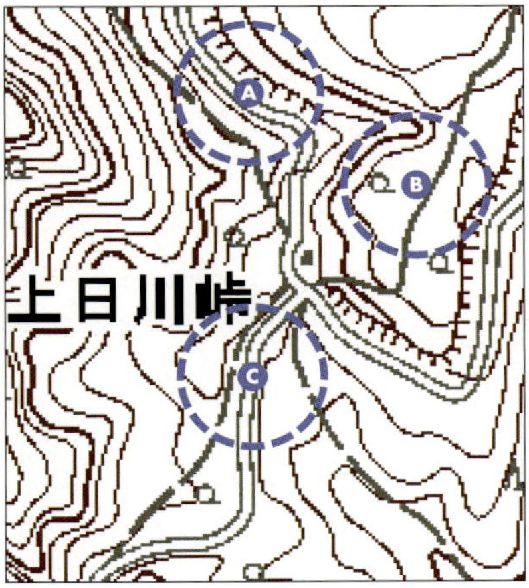

道

太い線Aが一般道、実線Bが幅員1.5〜3.0mの道路（林道）、破線Cが幅員1.5m未満の道路（登山道）である。登山コースの確認だけでなく、エスケープ道などの確認もしやすい。

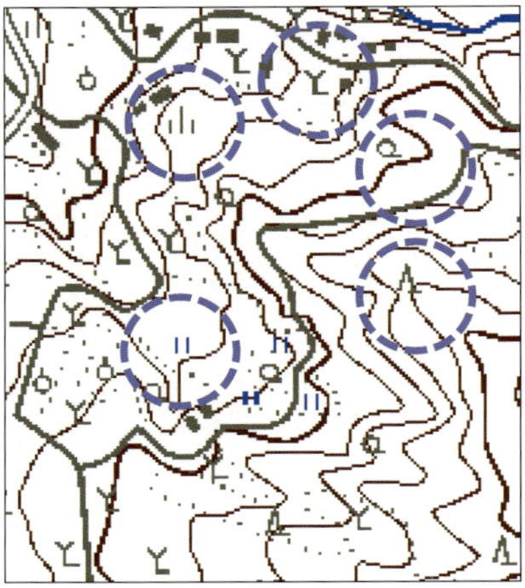

自然

針葉樹林、広葉樹林、田、畑、牧草地なども記号で記載されている。田や畑があるところでは勾配が緩やかだと判断することができ、歩行のイメージをしやすくなる。

主な地図記号

警察署	•125 写真測量による標高点
交番	記念碑
郵便局	史跡・名勝・天然記念物
小中学校	温泉
高等学校	田
寺院	畑
神社	広葉樹林
三角点	針葉樹林

机上のシミュレーション

地図でのリハーサル

■準備がしやすくなる

ガイドブック、エリアマップで山の状況を確認したら、2万5000分の1地形図で、シミュレーションしていきます。

まず、エリアマップのコースを参考に、色ペンで登山道に色を付けていきます。そして、登山口を確認し、標高や距離を読んで、ポイントごとに書き込みます。情報収集で得たポイントや目的場所なども書き込んでおくと、楽しみなところ、気を引き締めるところなどを事前にイメージできます。そして、充実の山行を実現できます。

地形図に書き込む手順

1. コース
2. ポイント地点（標高）
3. 注意ポイント（勾配など）
4. 休憩ポイント

2万5000分の1地形図に書き込む例

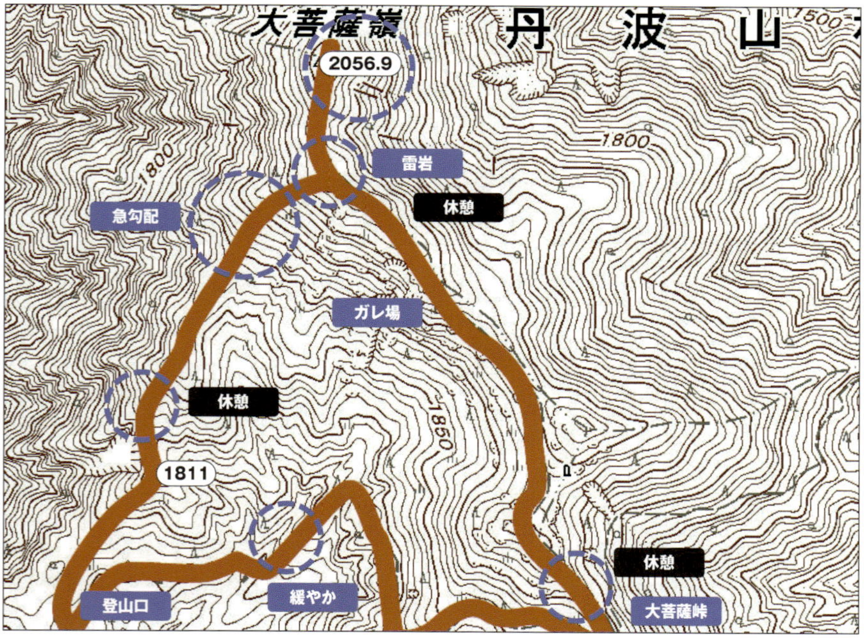

コース	登山口	ポイントごとの標高
目的ポイント	注意ポイント	休憩ポイント

スケジュールとイメージ

雷岩に到着
富士山、南アルプスをゆっくり鑑賞

大菩薩嶺
2056.9m
大菩薩峠
1897m
WC
石丸峠
丸川峠
WC
WC
上日川峠
P
411
P
大菩薩登山口
P
WC
WC
P
秩父多摩甲斐国立公園
大菩薩峠
山梨県

雷岩から大菩薩嶺へ
最高峰を確認し、雷岩に戻る

唐松尾根を上り雷岩へ
富士山を背景に急勾配を上る

雷岩から大菩薩峠
景観を眺めながら昼食をとる

上日川峠から登山開始

上日川峠に戻り、温泉へ
大菩薩の湯で露天風呂に浸かる

1日目

13:00	登山口の最寄り駅で集合
15:00	バスと徒歩で山小屋へ 周辺を散策する
17:00	山料理をする
18:00	夕飯
20:00	入浴
21:00	消灯

2日目

4:30	起床
6:00	登山口に集合 準備運動をして登山開始
8:00	山頂に到着 展望を鑑賞する
9:30	休憩所にて食事をとる
10:30	再出発（下山）
11:30	登山口に到着
13:00	温泉に行く
14:00	温泉施設内で食事
16:00	駅で解散。帰路につく

地図
山歩きガイド

登山装備の整え方

1泊2日の登山準備

■必要最低限の荷物を準備

情報収集、プラン、スケジュール、シミュレーションができたら、その山行内容に必要な荷物を作っていきます。

必ず揃えたいものは、左ページのリストを参考にしましょう。この他に山行目的に必要なものを準備します。また、これらのアイテムはできるだけ軽量でコンパクトなものを選ぶこと(p58参照)。水筒や地図、薬品などは取り出しやすい位置に入れておくなど、パッキングの仕方も山行をイメージしてすることが大切です。

パッキングの例

1 地図
2 薬品
3 小物(ティッシュなど)
4 行動食
5 ヘッドランプ
6 水筒
7 雨具
8 食糧
9 ガスストーブ
10 着替え、防寒着

天気がよい日は7と8を入れ替えてOK。
上
下
MAP
ごはん
レトルト
GAS
1
2
3
4
5
6
7
8
9
10

10
7
3
2
5
8
9
6
4
FLASH
SOYJOY

1Point Advice
地図はすぐに見ることができるように、登山中はポケットやウエストバックに入れておきます。

荷物のチェックポイント

衣類

- □ 防寒着
- □ 着替え
- □ 帽子
- □ 手袋

行動用品

- □ 雨具
- □ ザックカバー
- □ ヘッドランプ
- □ 地図
- □ 水筒
- □ 行動食
- □ 食糧
- □ 時計
- □ 筆記用具

あったら便利なもの

- □ ストック
- □ ナイフ
- □ 携帯電話
- □ 簡易トイレ
- □ シェルター
- □ ガムテープ（補修用）
- □ ホイッスル
- □ 虫除けスプレー
- □ 非常食
- □ コンパス

小物類

- □ ペーパー類
- □ タオル
- □ 洗面用具
- □ 薬品
- □ 登山計画書
- □ 健康保健所
- □ ライター
- □ ゴミ袋

荷物に適した
容量のザックに
パッキングしよう。

必要なものがないと山行が困難になります。あったら便利なものは荷物の容量と体力、コースの状況などを考えて判断しましょう。また、パーティのメンバーと分担して準備することも軽装軽備のコツです。コンパスは正しく使用できないとトラブルになることがありますので、注意して使用すること。

■パッキングのコツ

●ザックに入れる際に場所をとるのが、防寒着や着替えなどの衣類。それをコンパクトにまとめてくれるのが圧縮袋。湿気などからも衣類を守ってくれる。

●捻挫などのケガをした際に役立つテーピングテープは、ザックなどが壊れた際の補修用テープとしても使うことができる。ストックとテーピングテープで松葉杖も作れる（p126参照）。

ホイッスル

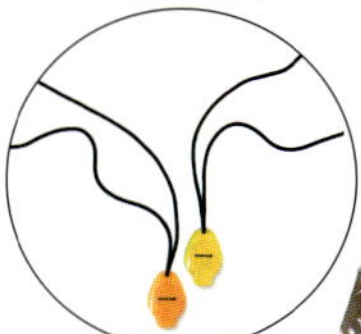

シート

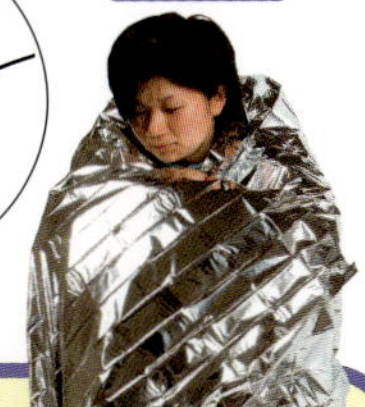

ヘッドライト

1 Point Advice

安全な登山のための道具

暗闇の中、山を歩くのは困難です。その際に役に立つのが懐中電灯ですが、できれば両手はフリーにしておきたいので、ヘッドライトが適しています。また、登山ガイドをしていると、メンバーに何かあった時のために、必要な道具を装備しておかなければなりません。ホイッスルははぐれたメンバーに合図の役目、レスキューシートは非常時に体温低下を防ぐことができます。他にも折り畳み傘は、女性がトイレをする際のカバー役になり、ツェルトは非常時の避難場所になります（P92参照）。

商品：モンベル

Chapter 5

2000m級の登山

高い山の登山プラン

大菩薩嶺は標高2057m。1600m弱の上日川峠から出発の日帰り登山が人気。写真は上日川峠から大菩薩嶺を望む。

大菩薩嶺（山梨県甲州市）の日帰り登山

目的…………	雷岩で富士山を眺める。大菩薩峠を歩く。下山後に温泉に行く
パーティ………	4人（女性2人、男性2人）
コース…………	上日川峠ー唐松尾根ー雷岩ー大菩薩嶺ー雷岩ー大菩薩峠ー上日川峠
スケジュール…	6:00出発ー8:00雷岩ー9:30大菩薩峠（食事）ー11:30下山

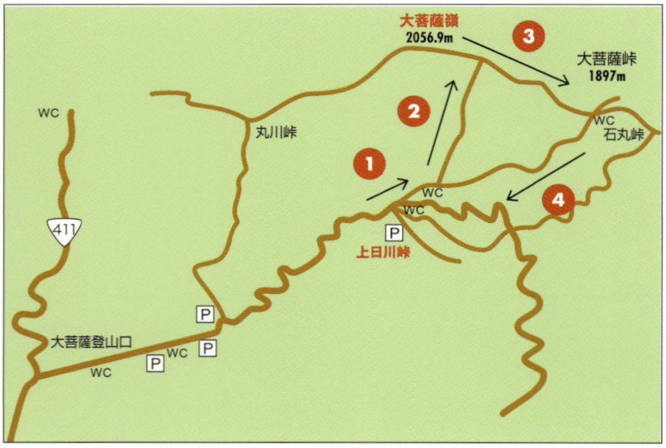

上リーハード
下リーソフト

上りと下りのコースを変えて、大菩薩を周遊する。静かな道が続き、富士を望みながらの上り、甲府の町を見下ろしながらの下山となる。

1 Point Advice

コース設定のコツ

上りがハードで、下りがソフトな登山コースです。上りでがんばれば頂上での景観に気分をよくし、疲れも吹き飛んで楽に下山することができます。その分、上りのペース配分が重要で、ゆっくりしたペースで上ることをおすすめします。

1. 緩やかな上りだが、身体がほぐれていないのでゆっくりペースで。
2. 急勾配に入る。ペースを落として上る。
3. 景観のよい道が続く。岩場があるので注意。
4. 緩やかな下り。景観を楽しみながらリズムよく歩く。

AM 6:00 大菩薩嶺を目指して出発

食事処 土産処
ロッヂ 長兵衛

コツ 出発は早い時刻が基本。その時期の日の出時刻をチェックしておこう。

駐車場

準備運動
筋肉と関節をほぐしていく。起床してからすぐは身体がかたくなっているので、しっかりストレッチする。

登山開始
登山道に入る。最初はゆっくりしたペースで歩き、身体を慣らしていく。

防寒着
（フリース）
ジャケット
ジャケット
半そで
＋アーム
ウォーマー

コツ 少し涼しいくらいの服装で歩き始める。歩いていると暑くなってくる。

パーティのメンバー
先頭に経験豊富で、コースを熟知しているリーダー。続いて経験のあるメンバー、コース初体験のメンバー、体力に自信のあるサブリーダー。通常はリーダーが最後尾に付くが、場合によっては先頭になってもよい。

山菜のコシアブラを発見
登山道の脇にコシアブラを見つける。山菜が採取できる時期は、それが山小屋などの料理にも出てくる。

道の状況
数日前に降った雨で土が少しやわらかくなっている。クッション性があって歩きやすい。

AM 6:50 小休憩 10分間

唐松尾根分岐点
←唐松尾根 大菩薩峠→
登山ルートの再確認を!!

エネルギー補給
水分補給はこまめに行う。行動食を補給してもよい。

コツ 朝早い時刻の出発の場合、事前に山小屋におにぎりを注文しておけば作ってもらえることもある。

体温調節
登山の服装は重ね着が基本で、暑い場合は上着を脱ぐ。歩いている途中は暑くなるので、少し涼しいくらいの服装がベスト。

AM 7:00 唐松尾根を上る

コツ 急勾配なのでペースをさらに落とそう。

急勾配で足元が不安定
唐松尾根に入ると、勾配が急になる。岩や石ころが多くて足元が不安定なので、歩幅を小さくして上っていく。

富士山が見えた！
木々の合間から富士山が見える。景観のよいところでは、メンバーと一緒に鑑賞する。

体力を計算して歩く
スケジュールを把握しておけば残りをイメージできる。リーダーは残りのおよその時間をメンバーに伝達してあげるとよい。

Point
足がつらないようにするには、ゆっくり歩いて止まらないこと。休憩はとりすぎてもいけない。

AM 8:00 雷岩到着

山の峰が見えてきた！
足元を確認しながら、時折顔を上げて景観を眺める。歩くペースは一定のまま。

岩場を上る
岩場を上る時は三点確保が基本。岩にへばりつくと滑りやすくなってしまうので注意。

1Point Advice
標高が高くなると高山病になる人もいます。ゆっくり上って身体を慣らしていくようにしましょう。

景観を楽しむ
雷岩は標高2035m。左に富士山、右に甲州市の街並みが広がる。南アルプスも見える。その中には富士山に次ぐ標高の北岳(3193m)も見える。

コツ 景観を眺めるだけでなく、次にどの山を上るか決めるのも大切。

コツ 休憩の時はザックを下ろす。ストレッチして身体をほぐすなど、時間を有効的に使う。

休憩は有効に
景観を堪能しながら、休憩もしっかりとる。急勾配の道のりが続いたのでエネルギー補給もしておくこと。

Point
朝早く出発すれば登山者も少ないので、ゆっくり眺望できる。混んでいる時は長居しないようにしよう。

20分間の中休憩をとり、再出発

AM 8:30 大菩薩嶺に到着 標高2057m

山頂の雰囲気
雷岩から針葉樹林を縫って、すぐに大菩薩嶺に着く。樹林帯の中にぽっかり空間ができたところが大菩薩嶺で、そこには山頂を示す丸太が立っている。木々に囲まれた風情も山の魅力のひとつ。

コツ 休憩をしてから10分足らずなので、山頂の雰囲気を堪能したら、すぐに出発しよう。

コツ 緩やかな道でも下りはヒザに負担が蓄積される。歩幅を意識的に小さくしよう。

峠に向かう
雷岩を過ぎてからは緩やかな勾配が続く。見晴らしも常によい。途中に小休憩を挟んでさらに歩くと、大菩薩峠が見えてくる。

AM 8:00 大菩薩峠到着

コツ 水はペットボトルに入れて持参。マイカップがあると便利。

食事をとる
朝早く出発したので、ここで食事をとる。ガスストーブでお茶を沸かし、おにぎりなどの行動食を食べる。景色を眺めながらの食事は格別。

コツ 登山は予想以上に体力を使い、お腹も減る。行動食をこまめにとるように心掛けよう。

AM 10:30 下山

コツ 水分の量を確認し、減っていれば確保しておくこと。大菩薩峠には山小屋があり、飲み物も購入できる。

なだらかな道のり
長めの大休憩をとり、再出発。緩やかな勾配の下りなので負担も小さい。体力を考えて上り下りのコース選定をするとよい。

富士山の眺望
山肌を横切りながら富士山を眺める。スケジュールに余裕があるので、ゆっくりと鑑賞することができる。

こんな山小屋もある
富士見荘は趣のあるたたずまい。敷地内にベンチがあり、景観を眺めることができる。

川で息抜き
川の水は冷たくて気持ちよい。顔を洗うなどして息抜きをする。飲むことは避けた方がよい。

AM 11:30 上日川峠に到着

コツ 下山後はクーリングダウンのストレッチを必ずしておきましょう。翌日に疲れが残らない。

午前中に下山
朝早く出発するのは時間的な余裕を持つことだけでなく、夕立などを避け、天気が安定しているうちに山を楽しむという目的もある。

温泉へ行って心身を癒す

歩行時間…4時間

休憩　10分の小休憩…3回
　　　20分の中休憩…1回
　　　60分の大休憩…1回

今回の目的は景観を堪能すること。そのため、休憩以外にも足を止める時間があった。また、朝早い時間に登山を開始したので、スケジュールにゆとりがあり、休憩も長めにとれた。

山小屋の使い方

■利用内容は休憩・食事・宿泊

遠方の山や、標高の高い山に登山する場合、現地に宿泊をします。その宿泊施設に便利なのが山小屋です。食事、睡眠場所を提供してくれる山小屋は、テント泊に比べて負担が小さく、外気からも身体を守ってくれます。ただ、山小屋の種類は様々で、規模、食事の提供内容、部屋などは山小屋によって異なります。現在はホームページを持っている山小屋がほとんどなので、事前に調べておくことができます。また、山小屋でのルールやマナーは守りましょう。

1Point Advice
山小屋に入る時は、必ずシューズの土を落としておきましょう。

山小屋はホテルや旅館とは異なり、限られた環境下のもとで営業している。施設やサービスも様々なので事前に調べておくことが大切。

山小屋のサービス

1 **食事**（立地や山域によって内容は異なる）
2 **睡眠**（大部屋のみのところ、ベッドルームがあるところなど様々）
3 **休憩ルーム**（談話室や展望テラスがあるところもある）
4 **水の補給**（水は購入するところが多い）
5 **情報収集**（山小屋のスタッフはその山を熟知している）

山小屋の施設紹介

睡眠場所
大部屋、小部屋、個室など様々、布団は提供してくれる。

食堂
立地条件で異なるが、体力を得る食事を提供してくれる。

お風呂
お風呂はあるかないか事前に確認しておくこと。ないところが多い。

山小屋のマナー

1. **スペースを占領しない**（寝る場所、荷物置き場など）
2. **持ち物の管理は責任を持つ**（ザックを開け放しにしない。貴重品の管理など）
3. **遅くまで騒がない**（消灯は8～9時頃）
4. **水は必要以上に使わない**（節水を心掛ける）
5. **ゴミは持ち帰る**（山小屋の規定に従う）
6. **予約の段階で山小屋のルールを確認しておく**

※山小屋の宿泊予約の方法はp94で紹介

宿泊の魅力
1. スケジュールに余裕ができる
2. 食糧の荷物が減る
3. 夜空など、大自然を満喫できる
4. 管理人から最新情報を得られる

山小屋　ロッヂ長兵衛
上日川峠（標高1600m）にある宿泊できる山小屋。目の前に無料の駐車場があり、自動車で上ってくることができる。キャンプサイトも併設されている。

テントの活用法

■テント泊のルール

大自然の中でのテント泊も登山の楽しみ方です。山小屋が管理しているキャンプ場など、山によって設置場所の規定があるので事前に調べておきましょう。

また、テント泊で気を付けなければならないのが、日が落ちる前にテントを設置すること。最近のテントは軽量化、コンパクトの発展にまして、簡単に設置できる構造になっています。設置が終わったら、床マットやシュラフ(寝袋)、食事の用意をすませ、寝る体制を作っておきます。

虫対策も忘れないようにしましょう。

■テントでの休息

快適なテント泊にするには、テント内を整理整頓しておくと。必要なものを取り出しておき、できるだけテント内で動き回らないようにしておくことが大切です。また、翌日に備えて早く就寝することが山での休息の鉄則です。

1 Point Advice

緊急時に活躍するツェルト

行動不能時や非常時に便利なのがツェルト。最近ではコンパクトで軽量サイズなものがあります。また、ツェルトは非常時にだけ活躍するものではなく、テントの代用として使用することも可能です。

コツ ストックを柱にして支えることもできます。

テントカタログ

ドーム型テントA
設営が簡単なドーム型テントが現在の主流。ダブルウォールで保温性の高い山岳テントとなっている。

ドーム型テントB
軽量コンパクト（約1.48kg）のシングルウォールテント。短時間で設営できる。

スノーフライ
テントに併用すれば多少の雷なら対応できる。

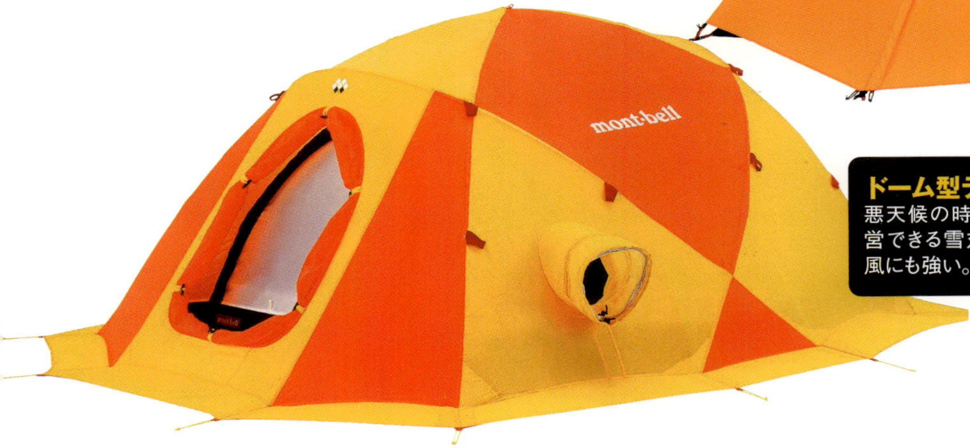

ドーム型テントC
悪天候の時でも簡単に設営できる雪対応のテント。風にも強い。

スリーピングアイテム

スリーピングバッグA
速乾性の高い中綿使用のバッグ。春・夏・秋に適している。

スリーピングバッグB
高品質のダウン性で保温性に優れている。高山や冬に最適。

エアパット
マットは収納が小さいエア式のものが最適。保温性も高い。

商品：モンベル

山小屋の予約方法

■山小屋の宿泊予約

宿泊をするなら、事前に宿泊場所を確保していなければなりません。ハイシーズンでは山小屋は満員になることが多く、それ以外のシーズンでも空いている補償はないので事前に予約をしておくと安心です。

宿泊日、人数、到着日などを決めておき、事前に予約をしておきましょう。予約方法は電話やインターネットなどが主流です。山小屋のホームページを見て、確認しましょう。

山小屋の多くはホームページで予約方法を案内している。ガイドブックに記載されているものもある。

宿泊までの流れ

山小屋を選ぶ コースとスケジュールを踏まえ、便利なところを探す。

電話、インターネットで予約 宿泊日、人数、到着時間を伝える。部屋の種類、食事（夕食、朝食など）も確認しておく。

宿泊前日に確認 念のため宿泊前日に予約内容を確認しておく。

受付 受付で必要事項を記入。水の料金（有料・無料）、消灯時間、荷物の置き場所なども再確認しておくこと。

注意 宿泊料金の支払い方法も事前に聞いておくと便利。また、キャンセルする場合は必ず事前に連絡しておくこと。

1Point Advice
食事の時間、入浴可能な時間は事前に確認しておきましょう。山行のスケジュールが変わってきます。

■山小屋の種類

サービスや設備は山小屋によって異なります。ヘリコプターで荷揚げをしてホテル並みの設備を整えているところから、水の確保さえままならないところまで、その形態は様々です。中には温泉が付いているところもありますが、これは例外の山小屋と思った方がよいでしょう。

宿泊にともなう便宜を図ってくれるのが山小屋。

遭難時や悪天候の際には避難場所として利用できる。

テントサイトを決める

テント設営の場所選び

風が吹き抜けるところはダメ

風の通り道にテントを設営すると、テントが飛ばされたり崩れたりすることがある。テントサイトでも安全とは言いきれいので、注意しよう。

崖の側は避ける

崖崩れが発生すると危険。テントサイトの多くは安全な場所に設けているが、テントの背後には十分気を付けること。

くぼ地は避ける

くぼ地は雨が降ると水が流れ込んでくる。周りの土地を見て、できるだけ湿っていない場所を選ぶようにしよう。

川の中州は危険

たとえ安全に見えても、川の中州にテントを設営するのは危険。水かさが増すと避難もできなくなることを心得ておこう。

平坦で芝生や乾いた地面に設営するのがベスト。

石や木の枝などは設営前に取り除いておくこと。整地に時間がかかることを考えて、スケジュールに余裕を持とう。

■整地をすることもある

テントのスペースがあればどこでもテントを設置してよいわけではありません。多くの山がテント場（テントサイト）を設けており、受付が必要な場合は、受付をすませてからテントを設置します。場所によっては料金がかかるところもあります。その際に大切なのがテントの設置場所の選び方。平地で石などがない場所を選び、そこへ設置します。場合によっては石を取り除いたりの整地の作業がともないます。

平坦な地面に設置するのが基本。

山小屋のサービス

1 テントサイトの管理事務所に連絡

管理事務所を調べて、
事前に連絡して予約しておく。

2 受付を済ませる

当日に受付（料金支払い）をして、
テントサイトに入る。

3 設営場所を確保する

平坦な場所を見つけて、
他の登山者を邪魔しないようにテントを設営する。

注意

テントサイトは山によって管理体制が異なります。受付のいらない山もあるので、事前に山を管理する媒体に確認しましょう。山は各自治体（市町村）が管理しています。

Chapter 7

>> 山で食べたい料理レシピ

おすすめPoint

生の野菜は
山では貴重品で、
特に女性に人気。

オニオンサラダ

**どんな料理にも合う、簡単な副菜。
玉ねぎのシャキシャキ感が心地よい。**

■材料

玉ねぎ…大半分　　ツナ…1袋　　ゆで卵…1個
マヨネーズ…適量　　黒こしょう…少々

コツ　事前にゆで卵を作っておきます。

■作り方

1. 玉ねぎをスライスし、皿に広げる。
2. その上に缶から取り出したツナ、みじん切りにしたゆで卵をのせる。
3. マヨネーズを適量かけ、最後に黒こしょうを振りかけて完成。

牛乳やジュースなどのパックを広げてまな板にし、そのままお皿として使用。コンパクトで軽いので荷物にならない。

注意！
夏場は腐りにくい食材にし、細心の注意を払いましょう。水は持参することが基本です。山小屋で自炊する場合は事前に確認しておきましょう。

おすすめ

大自然の中で食べる料理は格別の味。少ない食材で簡単に作れる料理、6レシピを紹介。

おすすめPoint
材料は軽くてコンパクト。早くできておいしく、お酒のつまみにも最適。

シラスとみょうがのごま油あえ

少ない材料でパパッとできる。あっさりとした味わいが疲れた身体に効く。

■材料
シラス…適量
みょうが…適量
ごま油…少々

フライパン

■作り方
1 みょうがを粗いみじん切りにする。
2 1とシラスを混ぜ、ごま油をかけたら完成。

調味料は写真のフイルムケースに入れて、コンパクト収納。

コッヘルやフライパン。重ねて収納できるので大きな荷物にはならない。

おすすめPoint

栄養とボリューム満点の
温かい料理で
体力が回復。

山風ポトフ

温かい料理は寒い山にはうれしい。
具だくさんでお腹も満たされる。

■材料
じゃがいも…適量
にんじん…適量
玉ねぎ…適量
ウインナーソーセージ…適量
コンソメスープの素…適量
マスタード…適量
塩・黒こしょう…少々

コッヘル

■作り方

1 じゃがいも、にんじん、玉ねぎの皮をむき、一口サイズに切る。

2 コッヘルに **1** とウインナーソーセージ、コンソメスープの素、水を入れて茹でる。

3 野菜がやわらかくなったら塩・黒こしょうで味をととのえ、マスタードを添えて完成。

手羽先のアミ焼き

塩味のみのシンプルな味付け。
焦げ具合で香ばしくなる。

■材料
手羽先…適量
塩…少々

アミ

■作り方

1 ガスカートリッジ式のシングルバーナーの上にアミを敷き、手羽先を並べる。油はなくてもよい。

2 片面が焼けたら裏返し、最後に塩を振って完成。

おすすめPoint

材料は手羽先のみ。
お酒のつまみにも
最適な一品。

豚肉の味噌にんにく焼き

味噌の香ばしさが特徴の一品。
肉料理でスタミナをつけて登山再開。

■材料
しょうが焼き用の豚肉…適量
サラダ油…少々
【漬け込み用】
味噌…適量
にんにく…適量
酒…適量

フライパン

■作り方
1 水に味噌、にんにく、酒を入れて混ぜる。
2 1に豚肉を浸けてしばらくおく。
※ここまでを調理して、山に持って行くこと。
3 フライパンを熱して2を焼いたら完成。

おすすめPoint
あらかじめ下処理をしているので焼くだけ。
ゴミも出ない。

タラコのスパゲティ

茹でて絡めるだけの即席レシピ。
スパゲティなので主食にもなる。

■材料
早茹でスパゲティ…適量
タラコソース(市販のもの)…適量
大葉…2〜3枚

フライパン

■作り方
1 コッヘルにお湯を沸かし、スパゲティを茹でる。
2 茹で上がったらタラコソースを絡め、大葉のせん切りを加えて完成。

おすすめPoint
材料が軽くて完成も早い。
和風味は疲れた時でも食欲がわく。

大自然が一番のおかず

■山での料理はシンプルに

火を使って料理するにはガスストーブやバーナーが必要で、もちろん食材もいります。それをザックに入れて登山をすると、負担が大きくなります。調理場がある山小屋もありますが、食材は持参しなければなりません。山では一品だけを手作りし、他は即席物にするなどして負担を軽減するのが理想です。また、少ない材料でできる料理にするとよいでしょう。

便利アイテム

小型のナイフがあればある程度の食材は料理できる。荷物にならない。

個人用の箸を持参。ゴミを減らし、自然にも優しい。

調理場が整っているところなら、手の込んだ料理も可能。

ガスバーナーなどを利用し、簡単な料理を作る。

ガスシングルバーナー
コンパクトで軽量のものが最適。カートリッジ式タイプが使いやすい。

NGな山登り

山での料理エチケット

山小屋にしてもアウトドアにしても料理をする際は人の迷惑になってはいけません。ゴミの処理はもちろん、水場を占拠するような行為は禁止です。また、景観を望むスペースを長時間占領することも避けましょう。

ビギナーのための山料理のPoint

- 簡単にできるもの（品数は少なく）
- 材料は軽くて、おいしく、腐りにくいもの
- なるべく水を使わない料理にする
- ゴミが出にくい料理にする
- 材料の下処理をしておく

山料理の便利アイテムを揃える

アウトドアのキッチン用品の購入先

アウトドアメーカーのお店
アウトドアメーカーの直営店は豊富な品揃え。ただし、登山に限ったものではないので注意すること。

量販店
ホームセンターなどの量販店にも取り扱いが多い。登山に向いているアイテムか見極めて購入すること。

インターネット
メーカー商品をインターネットから購入することができる。手に持って使いやすさや重量を確認できないところが難点。

大型スーパー
バーベキューなど、キャンプ用の道具は充実している。登山用の道具は少ないので、使えそうなものがあれば購入する。

ガスストーブ類

料理をするには火の元を確保しなければならない。軽量でコンパクトなガスストーブやガスバーナーが多数販売されている。

調理済み食品

食材から仕込んで料理するのは大変。そんな時に役に立つのが、フリーズドライなどの調理済み食品。種類も豊富。

フライパンや食器

アウトドア専用の調理器具は軽量でコンパクトサイズのものが多い。重ねて収納できるタイプはパッキングの際にも便利。

コッヘル類

鍋状の調理器具をコッヘルと言う。登山での料理は、ガスストーブやバーナーにコッヘルやフライパンをのせて調理するのが主流。

モンベルクラブ渋谷店

Chapter 8

体力アップトレーニング

普段の生活での体力作り

■ストレッチ、ウォーキング、筋肉トレーニング

長い距離、長時間の登山には体力が必要です。そこで、普段の生活から体力を付けておくことをおすすめします。急に激しい運動をしてバテたり、身体が痛くなったりして登山が嫌になる人もいます。

体力作りの方法は、ストレッチで身体を動かす、ウォーキングで心肺機能を強化する、軽い筋肉トレーニングで筋力を付けるなどです。オーバートレーニングにならないように、身体を動かす習慣を身に付けているくらいの気持ちで行いましょう。

■体力作りポイント

1 ストレッチ

毎日、身体を伸ばしたり曲げたりして、
身体を動かしておくことが大切。

2 ウォーキング

歩く習慣を身に付け、心肺機能を高める。
ジョギングでもよい。

3 筋肉トレーニング

脚の筋力アップを中心に、
軽いトレーニングを行う。

注意 どのトレーニングも身体を常に動かしておくというのが最大の目的です。無理をしてケガの原因にならないように気を付けましょう。

1 Point Advice

お風呂で身体を癒す

運動の後はお風呂に入って風邪予防をし、筋肉や関節を癒すことをおすすめします。また、ストレッチはお風呂上がりに行うと、身体が温まった状態なので、より効果的です。

おすすめ

床運動で身体を動かす

(日常のストレッチ①)

自宅で毎日行いたいストレッチ。
ゆっくり身体を動かすことを心掛ける。

1 背中、太モモを伸ばす

脚を前に伸ばして座り、上体を倒して手を脚にそって伸ばしていく。

2 股関節を伸ばす

足の裏を合わせて座り、両手で持って身体に引きつけ、上体を前に倒す。

3 股関節、体側を伸ばす

片脚を斜め前方に伸ばし、もう一方の脚を深く曲げて、足裏を伸ばした脚のモモに付けて座る。伸ばした脚に両手を付けながら上体を倒す。反対側も同様にする。

4 体側を伸ばす

両脚を身体の前に伸ばして座り、左脚を曲げて右脚の外側に置き、上体を左にひねる。反対側も同様。

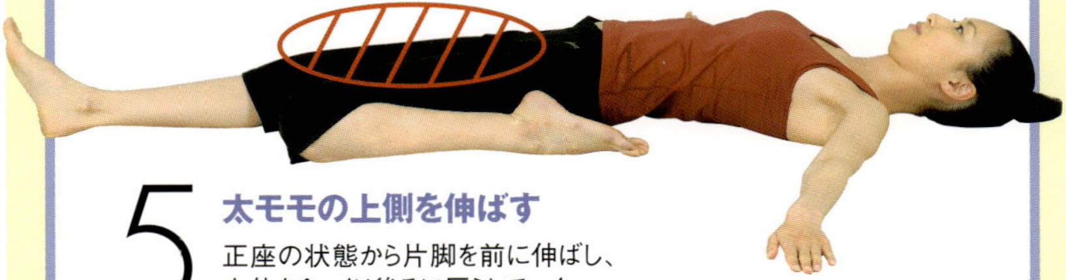

5 太モモの上側を伸ばす

正座の状態から片脚を前に伸ばし、上体をゆっくり後ろに反らしていく。

この状態ができない人は、ヒジをついてサポートしてもよい。

←次ページへ続く

ウエア：モンベル

6 腰周りを伸ばす

仰向けに寝て、両脚を曲げて両腕で抱え込み、胸に引き付ける。

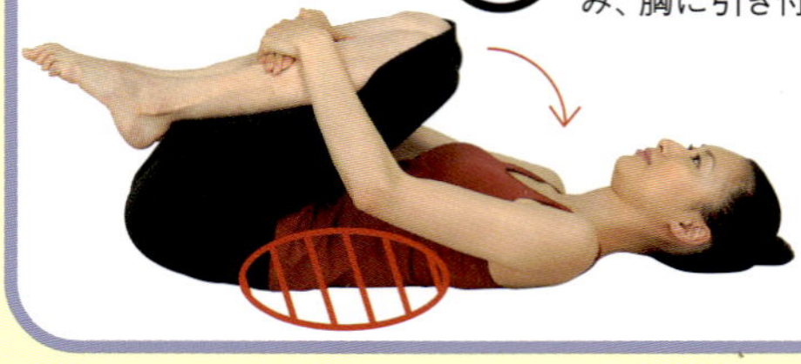

7 腰回りを伸ばす

仰向けに寝て、片方の脚を伸ばし、もう片方の脚を曲げる。曲げた脚を両手で抱え込み、胸に引き付ける。

8 体側を伸ばす

両腕を開き、両脚を伸ばして仰向けに寝る。右脚を左脚の上に交差させて床にヒザを付け、顔を反対側に向ける。上体は仰向けの上体を保つこと。

9 全身を伸ばす

仰向けに寝て、両腕は頭の上へ、両脚はまっすぐ伸ばしていく。腰の下に座布団などを入れるとより効果的。

10 四つんばいからのストレッチ

四つんばいの姿勢になる。

▼

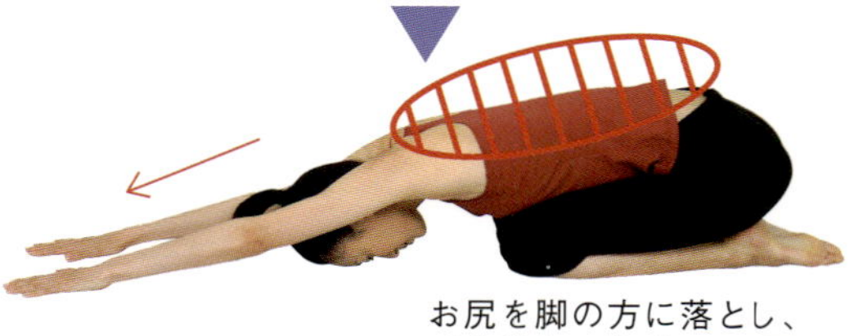

お尻を脚の方に落とし、手を前方に伸ばして両肩を床に近づけていく。

▼

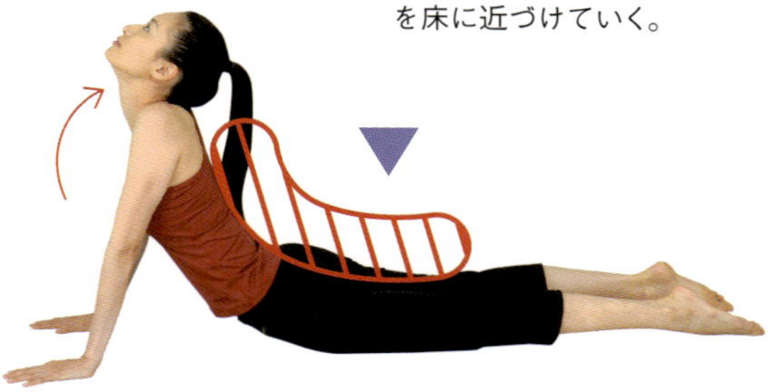

腕をまっすぐ立てて、胸とお腹を前に突き出すように上体を反らしていく。

▼

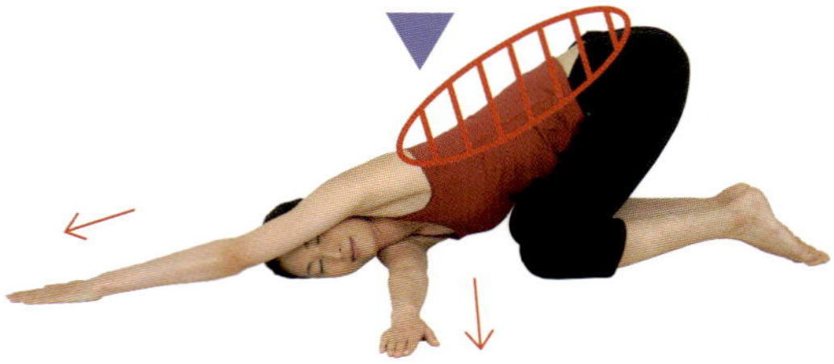

片手を前方に伸ばし、もう片方の手を伸ばした手の下をくぐらせ、できるだけ遠くへ伸ばしていく。

おすすめ

脚の筋肉を鍛える

（日常の筋肉トレーニング）

歩く時に使う筋肉をスクワット運動で鍛える。回数は徐々に増やしていくこと。

スクワットA

両手を頭の後ろに組み、しゃがんだ姿勢からまっすぐ伸び上がる。顔は常に前方を見る。

足を肩幅に開いてまっすぐ立つ。

背筋は伸ばしたままの状態。顔も上げたまま。

スクワットB

片手を台や柱に置き、片脚でしゃがんだ姿勢からまっすぐ伸び上がる。片脚では無理な人は、**スクワットA**で筋力を付けてから行おう。

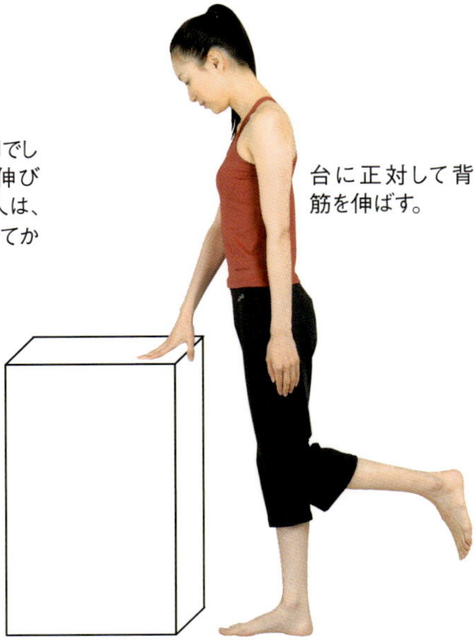

台に正対して背筋を伸ばす。

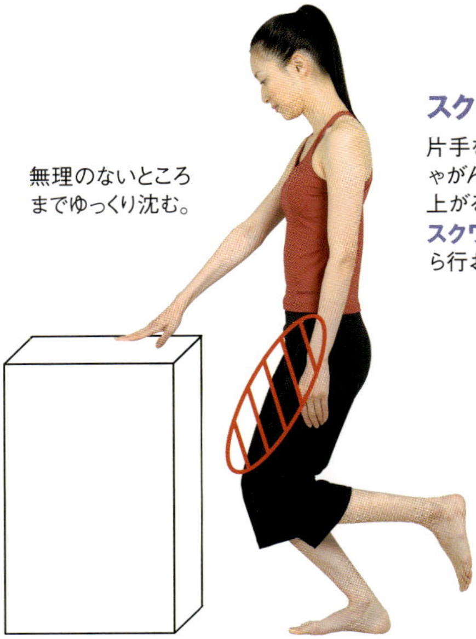

無理のないところまでゆっくり沈む。

※身体をケガしている人は無理をしないでください。

Chapter 9
中高年の山登りの注意点

体力・筋力・経験

■山登りに必要な体力

普段から身体を動かしている人であれば、初級クラスの山なら、それほど無理なく上れます。しかし、これが急勾配のコースや、歩行困難なコースが続くような山だと、心肺機能が耐えられなくなり、身体が動かなくなるなどの支障が出る恐れがあります。そんな事態を招かないためには、日頃の体力作り（p102-105参照）を心掛けましょう。

体力アップのポイント

1 ストレッチなどで身体を動かす
2 ウォーキングなどで心肺機能を高める
3 筋肉トレーニングで筋力を高める

■ステップアップを踏む

山登りを始める場合、まずは標高の低い山のハイキングから始めてみましょう。そこで楽しみを覚えたなら次に標高1000mに近い山、その後、1000m級、2000m級というように段階を踏んでいきます。2000m級の登山ができたら、たいていの山は上れるようになります。もちろん、標高だけでは判断できませんし、個人差もあります。

ステップアップ例

1回目……～標高**600**m
2回目…… 標高**601～1000**m未満
3回目…… 標高**1000**m級
4回目…… 標高**2000**m級

1Point Advice
急勾配のコースよりも、緩やかなコースがおすすめ。距離が長くなっても身体への負担は軽減されます。

■経験と体力が付く頻度

山に上った分だけ、経験は増えます。登山に必要な体力も分かることでしょう。ただ、たまに登山するようでは、経験は増えても体力を付けることはできません。理想は月に2～3回の登山を行うこと。逆に頻繁に登山して体調を崩さないようにすることも大切です。中高年の場合、特に身体へのケアが重要です。

サポートタイツを着用する
サポートタイツをパンツの下に着用すれば、脚への負担が軽減される。ヒザのぶれを抑制したり、靭帯をカバーしたり。また、筋肉に敵圧を加えることで筋肉痛も軽減できる。

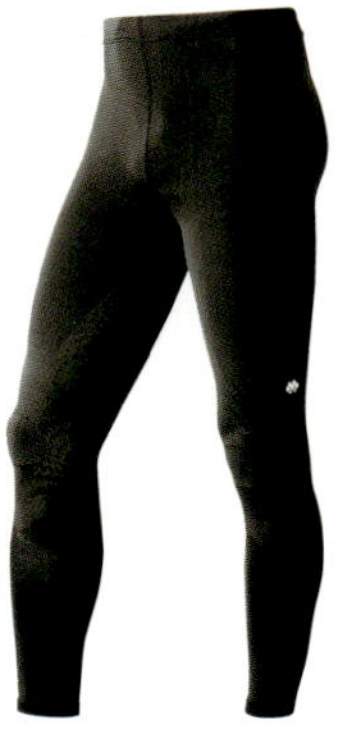

技術を身に付ける

ストックの利用2

身体への負担は下りの方が大きくなる。ストックを使って、歩幅を意識的に小さくするようにする。ペースはゆっくりでかまわないので、1歩1歩を丁寧に踏み出すようにしよう。

ストックの利用1

ダブルストックなら推進力を利用して歩行がスムーズになる。リズムよく歩く練習をして、ヒザ、足への負担を小さくしよう。

■登山前の過ごし方

登山に向けて、特別に身体をケアするようなことはありません。規則正しい生活を送り、三食をしっかりとり、十分な睡眠を心掛けることぐらいです。早めにパッキングをしておくことをおすすめします。

1 Point Advice

中高年の登山3か条

1. 日頃から身体を動かしておく
2. 低い山からステップアップ
3. ゆとりのあるスケジュールにする

注意!

体調不良の時は無理をして登山をしないこと。パーティのメンバーに迷惑をかけることよりも自分が一番辛くなる。

遠方の山は宿泊のプランを立てましょう。

温泉宿から向かう登山

山は日本全国にあり、それと同じように温泉もあります。山の麓に温泉が湧いているところは多く、登山者の利用も頻繁にあります。自宅から近い山へ行く際は日帰りができますが、遠方の山に向かう時は宿泊を余儀なくされます。そこで、宿泊先を何も山小屋だけに限定しなくてもかまいません。

山の近くに温泉宿があれば、そこを宿泊先として利用してみるのも、山行を楽しむための方法です。温泉に入り、おいしい料理に舌鼓を打ち、山の大自然に触れるのは、登山のフルコースです。温泉宿に宿泊して翌日に登山するのもよし、登山をしてから温泉宿に宿泊して帰宅するのもよし。登山を1日して、温泉宿に2泊するような余裕のあるプランもよいでしょう。心と身体の両方が癒されるので、中高年の登山者に特に人気です。

また、山には旬があります。それに伴い、山の幸も旬であり、新鮮な食材を堪能すること春の採れたての山菜料理は絶品です。

旅と登山の両方を堪能する

もちろん、山小屋には山小屋の楽しみ方があります。中には温泉付きの山小屋もあり、登山の雰囲気を味わいながら温泉に入る、それほど贅沢な時間は他にありません。

どちらにしても、山行のスケジュールはゆとりがあるにこしたことはありません。自分の足で山を1歩1歩踏みしめて、山の自然、料理、温泉などを堪能しましょう。

宿泊先の選択

- **山小屋**
- **テント**
- **温泉宿などの旅館**
- **麓のホテル**

登山の旬の時期には、温泉宿から山を目指す人が多い。温泉宿を拠点にした登山も山の楽しみ方である。また、現地の食材を購入できるところもある。旬のものを自宅に持ち帰り、家族と味わうのもよいだろう。

Part 4
山での楽しみ方

山には様々な魅力があります。
ただ単に山頂を目指して、下山するだけでは物足りません。
山というフィールドを100パーセント活用して
有意義な時間とするための
過ごし方を提案していきます。

Chapter 1
山で趣味を満喫する

写真撮影・スケッチ

■景観をおさめる喜び

写真
見晴らしのよい景観や、大自然、植物、パーティのメンバーなど、その時にしか見えないものを写真に撮っておき、後で見るのも楽しい。

スケッチ
写真同様、デッサンやスケッチをおさめることも楽しみの一つ。絵を描くことが好きな人は、大自然の被写体に心がおどるはず。

注意

荷物とスケジュールの確認

カメラ、スケッチ道具は大きさ、重量ともに荷物を増やすことになる。登山に不可欠なアイテムではないので自分の体力を考えて準備しよう。また、撮影、スケッチの時間はあらかじめスケジュールに盛り込んでおくこと。撮影などの特別な目的がない場合は、行動時間やペースを乱さないことがマナーだ。

写真やスケッチの被写体は、上った山だけではない。見晴らしのよいところでは、他の山を被写体にすることもできる。天気がよければ大自然のパノラマが出現する。

山での撮影スポット

見晴らし
山頂などから望む景観は、その場を訪れた者のみが味わえる。霧のかかっていない青空の下での撮影を期待したい。

植物
登山コースから撮影できるものに限っての撮影にすること。コースを外れて撮影するような行為は危険なので避ける。

大自然
緑、川など、日常生活にない大自然に心が癒される。新緑を撮影する場合は、太陽が差し込まないところの方がより緑が鮮明に写る。

人物
生き生きとした登山者の表情も美しい被写体。周囲の光景を入れて人物を際立たせるように撮影すると魅力的になる。

NGな山登り

✖パーティのルールを乱す
登山はパーティで行動をともにする。スケジュールを乱して趣味に没頭してしまうような行為はつつしもう。

✖危険なところでの趣味
どんなにきれいなものがあったとしても、コースから外れていくようなことは避ける。カメラのファインダーを覗いていると、足元の意識が散漫になりやすいので注意しよう。

山での撮影のアドバイス

天気	天気によって光量に差があり、被写体の色の出し方が変わってくる。光量を調整して、より鮮明な色を出すようにしたい。
被写体	何を一番写したいかを明確にし、ピントの範囲を決めよう。目的意識が明確な写真は、他の人が見ても魅力的。
植物	新緑、紅葉など、色に魅力がある被写体も光量の調整がポイント。天気やその場所の明るさを考えて撮影すること。

植物観賞

■季節、山によって違う楽しみ

季節折々の植物を観賞できるのが山の魅力です。同じ山でも登山する時期が違えば、まったく別の顔を見せてくれます。標高の高い山では、高山植物を楽しむことができ、その出会いに感激するでしょう。

また、花や草花はその年の天候によって咲く時期が違います。事前に山の情報収集をして、山行をするようにしたいものです。植物観賞しながら食事をするのも格別です。

新緑、紅葉、山菜、花、木の実など、山の植物は様々な表情を見せてくれる。豊かな自然を満喫するためにも、ゴミを捨てたり、シューズやストックで傷つけたりしないようにしよう。また、危険な場所には足を踏み入れないように注意すること。

季節別山の草花カタログ

春…大地から目覚めた生命の美しさに魅了される

ニリンソウ
山麓の林の縁などに群生している。草丈は15〜20cmで、若葉は食べられる。トリカブト(有毒)と似ているので注意。

若葉
様々な植物が若葉を出し、自然の営みを感じさせられる。早い時期は色が淡く、夏に近づくにつれて濃くなる。

フキ
早春に芽を出して根茎から花茎(フキノトウ)を出す山菜。沢や斜面、林の際など湿った地面を好んで生えている。

ヤマザクラ
平地ではサクラの花は散っても、標高の高いところでは1ヶ月遅れでも花を楽しむことができる。場所によっては5月上旬まで咲いている。

オキナグサ
草丈は10cmほどで、4月頃に花柄の先に長さ3cmほどの花を下向きに開く。日当たりのよい草原に自生している。有毒植物。

スズラン
中部地方より北、東北、北海道の高地に自生している多年草。春から初夏にかけて、芳香のある白い花を付ける。有毒植物。

夏…陽光を存分に浴びて輝く、煌びやかな姿に感激する

ハンゴンソウ

低地から山地でやや湿った林の縁などに自生している。中部地方以北に分布。7～9月にかけて、1～2mの茎に黄色の頭花を多数付ける。

ソバナ

山地の沢沿いや林の縁に自生する。夏に2～3cmの花を付け、下向きに咲くのが特徴。また、若芽は山菜として食べることもできる。

ヤマユリ

林の縁や草地に自生する球根植物。7～8月に白色の花を咲かせる。北海道と北陸地方を除く近畿地方以北の山地に分布。

秋…燃えんばかりの紅葉が広がる山一面に、秋を堪能する

ノイバラ

5～7月に白く丸い花を咲かせる落葉低木で、秋には真っ赤な実を付ける。山野や草地の日当たりのよい場所に自生しやすい。

ブナ

低山の照葉樹林帯や、1500m以下の針葉樹林帯の間にブナ林が成立している。緑の葉は秋に褐色となる。

モミジ

日本全国の山に分布するモミジ。北海道では9月から紅葉が始まり、低山では12月まで楽しめるところもある。

冬…白い雪の中でみる山の植物に、時の流れを感じさせられる

ススキ

日本全国、日当たりのよい山野に生息。枯れる前の冬のススキに追い被る雪との情景がすばらしい。

ヤマモミジ

秋に色付いたモミジの葉は、やがて地面に落ちる。まだ紅色が残った葉は、真っ白な雪の上で鮮やかに存在している。

カラマツ

高原の代表的な落葉針葉樹。日当たりのよい場所に自生し、新緑、紅葉とも他の樹木より時期が遅く、冬には実を付ける。

バードウォッチング

■耳を澄ませば生き物の声

バードウォッチングは登山者の中でも根強い人気です。耳を澄まして鳥のさえずりを聞き、足をとめて鳥の姿を探すことで、心が和やかになります。

山には鳥だけでなく様々な生き物が生息しています。それらを鑑賞することで登山の楽しみも増えますが、登山者としては山の生き物の生態系を乱さないよう、マナーを守ることが大切です。

また、毒ヘビやハチなど、危害を与える生き物には注意が必要です。場所によってはクマも出没します。

山で見られる鳥の例

イカル
北海道、本州、九州の低地から山地の山林に生息する。冬になると本州以南に移動する。黄色くて太いくちばしが特徴。

ウグイス
夏になると山に避暑にきている。全長は約15cmで、姿が見えなくても独特のさえずりで存在を知ることもできる。

キビタキ
夏に各地の山の広葉樹林にやってくる鳥。全長13～14cmで、雄は頭部から背面にかけて黒く、腹部は黄色で美しい。

シジュウカラ
首から腹にかけて入っている黒い模様が特徴。全長は約15cm。日本全国に分布し、低地から山地にかけて見ることができる。

カワセミ
水辺に生息する全長約17cmの小鳥。長いくちばしが特徴。一年中見ることができるが、北海道では夏しか見ることができない。

アカゲラ
北海道と本州に生息し、本州中部以北では山地の林でよく見られる。全長は23～24cm程度で、背面の羽毛が黒い。

生き物によるトラブル
山では自然現象による被害だけでなく、生き物による被害も考えられる。動物では、クマ、イノシシ、サル、毒ヘビなど、昆虫では、ハチ、ムカデなどが危害を与える代表的なもの。もし、危害を被ったら、応急処置をして、場合によっては救助を求めることも考えよう。

クマ

ハチ

毒ヘビ

渓流・沢登り

■川沿いは足元に気を付ける

水のマイナスイオンを感じながらの登山は、とても気持ちのよいものです。ただ、川など、水のある場所を歩く際には足を滑らさないように、いつも以上の神経を使う必要があります。

また、登山コースを沢に求める、沢登りも登山の一つです。沢登りは経験が必要となりますので、未経験の人は必ず経験豊富な人と行うようにしてください。

川沿いは石ころも多くある。その上を歩く時は、滑りやすいので飛ばずに足の裏全体での着地をとること。また、両手をフリーにして転倒した際に身体を守れるようにしておこう。

滝

山には滝も多くある。川沿いのコースでは下流と上流の水量の変化も楽しめ、自然形態を改めて感じることができる。

橋

川沿いのコースを歩かなくても、橋を渡って川を越えるコースもある。丸太橋、吊り橋などの歩行は気を付けよう(p60参照)。

注意

コースを外れて川沿いを歩くのは危険。水かさが多いところではなおさら危険である。また、川の近くではトイレをしないようにする。そして、川の水は必ずしもきれいだとは限らないので、うかつに飲まないようにしよう。

- 安全なところを歩く
- ゆっくり歩く(飛ばないこと)
- 川の側でトイレをしない
- 飲める水か、事前に調べておく

始めての人はガイドに同行してもらおう!

沢登りのポイント

1. 専用のシューズ、ウエアを揃える
2. 山の地形を熟知する
3. 岩上りの基本技術を備える(ヘルメットなどの装備も必要)
4. 必ず山岳保険に加入する

山菜・キノコ採り

■山の幸を山で食べる

栽培されたものではなく、天然の山菜やキノコの味は、とてもおいしいものです。しかし、山菜、キノコともに有毒のものがあるので注意。食べられるかどうか分からない時は、絶対に食べないこと。命をとられることもあります。また、自分で採取しなくても、採れ立ての素材を調理した料理を出してくれる山小屋もあります。登山のプランを立てる時に、これらの情報も収集しておくとよいでしょう。

山小屋で出ている採れ立ての山菜、キノコ料理は格別。自然の中で食べれば、さらにおいしく感じる。

■山の幸を感じる山行

雪が解けて春になると、山にはフキノトウ、ツクシ、ウド、ワラビ、ゼンマイなどが姿を現します。これらは麓から顔を出し始め、中腹へと順に出現してきます。山菜が多いのは4～5月にかけてです。

　また、キノコ類も自生しています。地表に出ているもの、倒木などから生えているものなど、種類は様々です。ただし、山菜やキノコの採取は場所によって禁止されています。事前に調べて採取してください。

足元を見ていると天然のキノコを発見することがある。

■山菜、キノコ採集ができる、できないの判断

山の中だから当然、山菜やキノコ類はあります。ただし、どの山でも採取できるわけではありません。私有地は所有者の財産になり、許可なく採取することは禁止です。また、国有地でも立ち入り禁止や、採取禁止という看板を出しているところもあり、山菜、キノコ類を採取する場合は、事前に確認が必要です。また、分別をわきまえて乱獲しないようにしましょう。

代表的な山菜・キノコ

フキノトウ

日本全国の沢や斜面、林の際などに自生している。フキノトウはフキのつぼみの部分で早春にできる。

ワラビ

春から初夏にかけて芽を出すシダ植物。草原、原野、谷地などの日当たりのよい場所に群生する。山菜料理としても人気。

ヤマウド

若芽と若茎が食べられるヤマウドは春から初夏に、林の縁や斜面に生い茂っている。天ぷらにすることが多い。

天然シイタケ

広葉樹の倒木に自生する天然のシイタケは肉厚がある。旬は春。**毒性のあるツキヨタケに似ているので注意。**

キクラゲ

春から秋にかけて広葉樹、特にニワトコの倒木や枯れ枝に群生する。中国料理などでよく使われているキノコ。

ヒラタケ

晩秋から春にかけて広葉樹の切り株や倒木の上に自生している。**毒性のあるツキヨタケに似ているので注意。**

■毒性のある山菜、キノコ類に注意

山に自生する山菜、キノコ類の種類は豊富で、種類は違っても見た目が似ているものも多数あります。これらの中には食べられないものもあり、一歩間違えると命を落としかねません。知識を持たずに採取して食べてしまい、被害を受けた人は数知れません。採取は知識のある人と行い、種類の分からないものは決して食べないようにしましょう。

トリカブト

日本で約30種が生息しており、山の麓に多い。食べると嘔吐・下痢、呼吸困難などで死にいたることもある。

ニガクリタケ

倒木や切り株の上などに一年中生息している。食べると神経麻痺や肝障害などになり、死亡した例もある。食用のクリタケに似ているので注意。

歴史を感じる峠越え

■峠と歴史の関係

登山者の多くは山頂を目指して歩き、下山します。しかし、目指すべきところは必ずしも山頂とは限りません。峠を目的地として山登りをすることもあるのです。

徒歩での移動しか交通手段がなかった頃は、峠越えをして目的を果たしていたものです。歴史的に有名な峠を訪れて、当時の物語を空想してみるのも、登山の一つの楽しみ方です。

奥高尾の峰と峠の例

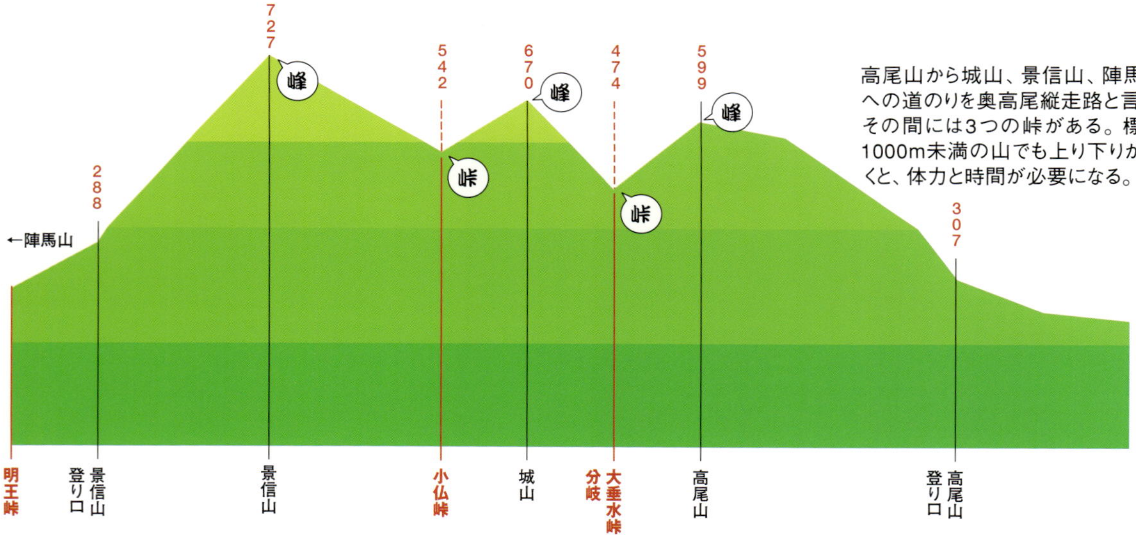

高尾山から城山、景信山、陣馬山への道のりを奥高尾縦走路と言う。その間には3つの峠がある。標高1000m未満の山でも上り下りが続くと、体力と時間が必要になる。

■大菩薩峠の歴史

江戸時代までは武蔵国と甲斐国を結ぶ甲州街道の裏街道であった青梅街道の重要な峠として利用されていた。両村からは米や塩、木材の物資の輸送がされており、1897mという標高からも、青梅街道の最大の難所と言われたことに納得ができる。

注意

歴史的に有名な峠でも、現在は道がないところもある。また、道があったところでも樹木や草木が生い茂り、通れないところもある。登山道などを事前に確認して行くようにしよう。

子供との山登り

■子供の体力に合った山

天気のよい日に家族で山に出かけ、大自然の中で食事をするという家族が増えています。また、小学生などの遠足で、登山をすることもあります。

ここで注意しなければならないのが、大人と子供の体力の違いです。子供は元気ですが、筋力はまだ発育していません。あまり子供が無理をしないような低山や、緩やかなコースを選ぶとよいでしょう。また、体調面の管理も大切です。

シューズや服装なども、大人と同じように登山用のものを装備することが必要です。アウトドアショップには、子供用のものも充実しています。

高尾山は一年中、小学生や幼稚園児が遠足に訪れている。山頂ではお弁当を広げた子供たちの笑い声がこだましている。

ブランコのある山小屋

子供の登山の注意点

1 ゆとりあるスケジュールにする
2 体温調節
3 水分補給
4 目を離さない
5 一緒に楽しむ

1 Point Advice

自然の中でのびのびと

子供は遊びの天才です。楽しいと感じたときは、時として大人よりもずっと活動的で驚くほど奔放です。有名な山であるとか山頂に立つといった大人の都合を押し付けるのではなく、自然の中でのびのび過ごさせる、くらいの気持ちで計画したいものです。子供目線で、親も楽しむ。そんな余裕のある山登りが理想です。ただし、どんな山であっても、子供からは常に目を離さないようにしましょう。

ペット登山の注意点

近年、ペットと一緒に登山する人も増えている。ペットは家族の一員とも言えるが、野生動物や植物に悪影響を及ぼしている現実がある。法律ではペットの登山は禁止されていないが、山の自然保護を第一にペット登山について考えてみよう。

温泉付き登山

■日帰り、宿泊の選択

登山をして温泉で身体を癒す登山者は少なくありません。山によっては近くに温泉があり、日帰りや宿泊など、観光地として発展しているところもあります。

山行のプランを考える時、スケジュールに温泉に行くことを入れておくのもよいでしょう。登山後に温泉で汗を流して帰宅したり、登山前日に温泉旅館に宿泊したり、登山後に宿泊したりなど、プランの立て方は様々あります。

広いお風呂でゆったりと身体を癒す。山にある温泉は窓外の眺めもよい。

温泉からあがったら、畳の部屋で食事をするのも楽しみ。足が伸ばせてリラックスできる。

温泉付き登山のモデルケース

1 午前登山→夕方下山→温泉→帰路
2 前日に温泉宿泊→翌日に登山→帰路
3 登山→下山後、温泉宿泊→翌日、帰路
4 登山→温泉宿泊→翌日、登山再開→帰路

1Point Advice
温泉に入ってすぐに歩き始めるのはやめましょう。足の裏がふやけてマメがつぶれやすくなります。歩いた後に温泉に入るのがベスト。

大菩薩の湯
大菩薩嶺の麓にある日帰り温泉で、登山者の利用が多い。露天岩場風呂で登山の疲れをとって帰路につく。

名山にある名湯

■山中にある秘湯

温泉があるところは観光地として賑わっていますが、山奥にひっそりたたずむ温泉もあります。いわゆる秘湯です。その温泉に行くには、山を上らなければ行けないものもあります。その温泉に入ることを目的とした山行プランも楽しいものです。また、温泉の付いている山小屋もあります。

軽いハイキング感覚で行くことのできる秘湯もある。

温泉メリット
❶汗と垢を流して身も心もすっきりする
❷疲れた筋肉と関節を癒してくれる
❸冬は冷えた身体を温めてくれる

大菩薩の湯の側には川が流れる。

大自然の中にある「大菩薩の湯」。バスの停留所、駐車場もあるので便利。

山の近くにある温泉の例

本沢温泉●ほんざわおんせん
(標高2150m)
(八ヶ岳連峰・硫黄岳 標高2760m)
日本最高所にある野天風呂

みくりが池温泉●みくりがいけおんせん
(標高2430m)
(室堂 標高2450m)
日本最高所の温泉施設

白馬鑓温泉●はくばやりおんせん
(標高2100m)
(白馬鑓ヶ岳 標高2903m)
雲上の展望露天風呂

地獄谷温泉●じごくだにおんせん
(標高2300m)
(立山 標高3015m)
日本最高所にある源泉

湯俣温泉●ゆまたおんせん
(標高1450m)
(北アルプス山麓)
手掘り露天風呂

濁河温泉●にごりごおんせん
(標高1800m)
(御嶽山 標高3067m)
高所にある充実した温泉街

山での注意とトラブル対処

安全＝楽しい山登り

■山の環境は平地と違う

きれいな空気、美しいロケーションの中での登山は健康的です。しかし、運動量は激しく、高山になると空気が薄くなり、呼吸も困難になることもあります。登山中に体調を崩したり、病気になったりする人は少なくありません。

また、体力不足や睡眠不足が原因してバテてしまう人もいます。

そんな状況になってしまったら適切な処置をするほかなりません。登山前にどのような症状が出ることがあるかを知り、その対処法を覚えておくことが大切です。

山のトラブル ― 体調編

高山病

2000mを超えたくらいから起きる。頭痛、動悸、吐き気、眠気、息切れなどの症状があり、重症になると肺水腫、脳浮腫などになる。

対処法

❶ **高度を下げる**
重症の場合は下山して高度を下げる。

❷ **薬品を使う**
鎮痛剤などで症状をやわらげる。

❸ **水分補給**
水分をとり、症状をやわらげる。
※高山病にならないために、ゆっくり歩いて身体を慣らすこと。

日射病

直接日光に長い時間当たり続けると、頭痛、めまい、吐き気、疲労感、顔の紅潮、脈拍数の増加、発汗が止まるなどの症状が出る。

対処法

❶ **風通しのよい場所で休憩**
日光の当たらない風通しのよい場所で、頭を高くして寝る。

❷ **水分補給**
水分を補給し、症状をやわらげる。

❸ **身体を冷やす**
衣服を緩めて、濡れタオルなどで身体を拭き、地図などであおいで身体を冷やす。

1 Point Advice

中高年はより慎重に！

年齢に関係なく、体調が悪い時は、予想以上に体力を消耗します。体調が悪い時は勇気を持って山行を中止しましょう。また、自分の体力に合ったゆとりあるスケジュールを考えましょう。

コースタイムの
1.5倍
のスケジュールが目安！

日射病に不随して、体内の水分が減ると、動悸、吐き気、衰弱、頭痛、めまい、目のかすみ、歩行不能、呼吸困難な症状が出る熱疲労。下痢が原因の場合もある。

脱水症状

対処法

1 水分補給
水分をゆっくりとり、塩分をとって症状をやわらげる。

2 下山する
脱水症状と判断できたら下山して病院に行くことが賢明。

3 救助を頼む
症状が重い時は救助を要請して、直ちに医師の診断を受ける。

4 日陰で休む
水分を補給してもすぐには動かないこと。日陰で身体を休めよう。

ペース配分を間違えたり、水分補給が不十分だったりすると、息切れ、衰弱などの症状が出て歩行困難になる。その日の体調も大きく関係する。

バテないために

対応策

1 ペース配分
特に最初はゆっくりしたペースで歩く。急勾配の道などもゆっくりと歩くこと。

2 水分とエネルギー補給
水分はもちろん、行動食も休憩の度にこまめにとること。水は一日の登山に1～1.5リットルは必要。

3 体温を調整する
出発時は涼しいと感じるくらいの衣服がよい。歩いているうちに暑くなってくることを想定しよう。

山行前に予防をする

山行中に体調を崩したら早めに対処することが大切。日差しが強い時は帽子を着用し、その日の気温を考えた衣服で歩くことを心掛けよう。

対処法

1 **睡眠と食事**をしっかりとり、体調を整えた上で山行に望むこと
2 水分を含めて、**エネルギー補給**をこまめにすること
3 **休憩**を規則的にとり、余裕のあるスケジューリングを立てること

ケガへの応急処置

■山は危険と隣り合わせ

山ではちょっとした不注意でケガをしてしまいます。不安定な足元での歩行が続くと、足を滑らしたり、転倒したりすることは少なくありません。また、長時間の歩行となると、身体への負荷も大きくなり、靴擦れや足をつることなどもあります。

すぐに下山できないところでケガをしてしまうと、適切な応急処置が必要となります。様々なケガへの処置方法を覚えておきましょう。

山のトラブル ― ケガ編

靴擦れしないために

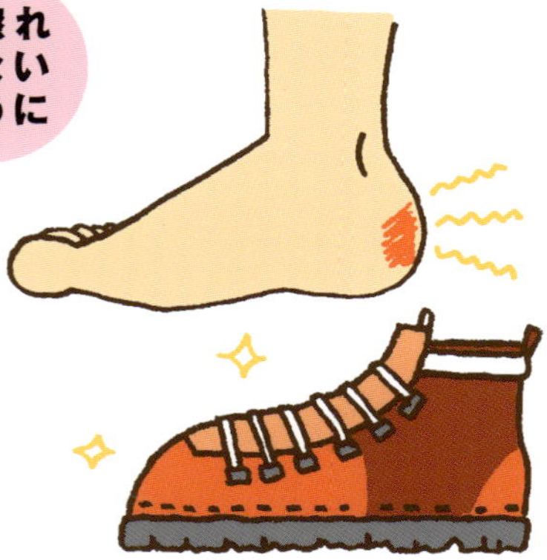

新しいシューズ、サイズの合っていないシューズは靴擦れになりやすい。違和感があったらすぐに処置すること。

対応策

❶絆創膏を貼る

皮膚が赤くなっているなら、大きめの絆創膏を貼って悪化を防ぐ。

❷水泡の処置をする

水泡ができてしまったら消毒した針で水を抜き、消毒して滅菌ガーゼを当てる。必ず清潔な状態にしておくこと。

❸休憩時に靴ひもを結び直す

靴擦れはシューズの中で足の遊びが多い時に起こる。ソックスを履き替えたり、靴ひもを結び直したりして、悪化を防ぐ。

捻挫

登山で捻挫をする確立は極めて高い。石ころの上や木の根の上などに着地した時、ひねって体重がのると起こりやすい。

対処法

❶テーピングをする

テーピングで足首を固定する。テーピングの巻き方が間違っていると悪化することがあるので注意。

❷下山する

ストックを利用して体重のかかる負荷を小さくし、下山する。自力で無理な場合はパーティのメンバーの協力をあおぐ。

❸骨折かもしれない時は骨折と判断

捻挫か骨折かどちらか分からない時は骨折と判断する方がよい。冷やしすぎないようにすること。

足がつった

普段使っていない筋肉に大きな負荷がかかると、足をつることがよくある。冷えや塩分の不足が原因の時もある。

対処法

① 休憩する

足の疲労をやわらげるために、座って足を休ませる。汗をかいている時はふき取って温める。

② ストレッチ

痛みが少し治まったらストレッチをして、筋肉を伸ばして緩める。

③ 塩分の補給

食塩水などで塩分を補給する。

骨折

登山で骨折すると続行は難しい。適切な応急処置をして中止しよう。足だけでなく、転倒した際に腕などを骨折する可能性もある。

対処法

① 副木で固定する

患部の上と下の関節に届く長さの木の枝、ストックなどを当てて固定する。

② 下山する

自力での下山は不可能と考えた方がよい。メンバーに背負ってもらったり、肩を貸してもらったりして運んでもらうとよい。

③ 救助を要請

標高の高いところなどで骨折をしてしまったら、メンバーの力を借りても下山は難しい。その時は救助を要請して下山する。

1 Point Advice

パーティで対応する!

ザックの中身を出して雨具を結びつけ、その間にケガ人を入れて背負うと負担が小さくなります。また、ストック2本で松葉杖を作ることもできます(P126参照)。

ザックを使っての応急処置

ザックを空にして、雨具(ジャケット)の両袖をザックのショルダーハーネスの付け根(ボトム側)に結ぶ。Aの状態になる。

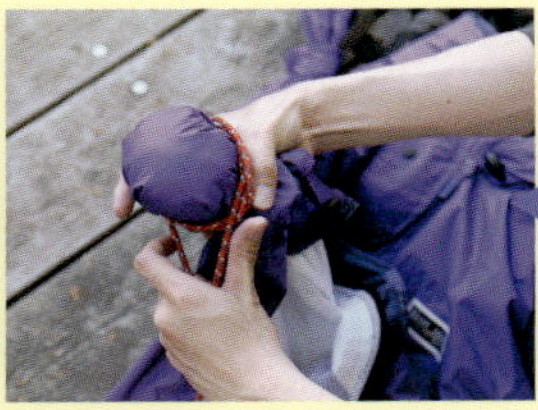

雨具の両裾(aの部分)に手袋などを丸めて入れ、コブを作ってロープで巻き付ける。

コブをザックのショルダーハーネスの肩側に通して、ロープでしっかり結ぶ。これで完成。

ザックと雨具の間にケガ人を入れ、ザックを背負えば安定し、歩行が楽になる。

トラブル対処の備品

■常備しておくべきもの

トラブルはいつ起こるか分かりません。そんな事態に対応するための備品をザックに入れておきましょう。例えば、絆創膏、滅菌ガーゼ、テーピングテープ、消毒液などのケガに対応するもの、鎮痛剤、胃腸薬、風邪薬などの病気に対応するものです。

何よりも山行までに体調を管理し、ゆとりのあるスケジュールを立てることが大切ですが、起きてしまった場合の応急処置も知っておきましょう。

ハチに刺された時は、ポイズンリムーバーで毒抜きをする。使い方は刺されたところにリムーバーを当て、レバーを押して引き上げるだけ。

常備品リスト

絆創膏

滅菌ガーゼ

テーピングテープ

その他に化膿止めや、エネルギー補給源なども常備しておきたい。持病がある人はその薬も忘れないようにする。

消毒液

マキロンs

薬品

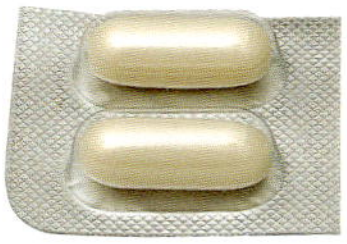

タオル

1 Point Advice

ストックで簡易の松葉杖を作る

ストック2本があれば簡単に松葉杖を作ることができます。テーピングで上、中、下の3カ所を止めます。上と中の止めたところには、タオルやバンダナなどで覆い、クッションを作ります。ストックの長さを調整して身体に合わせましょう。

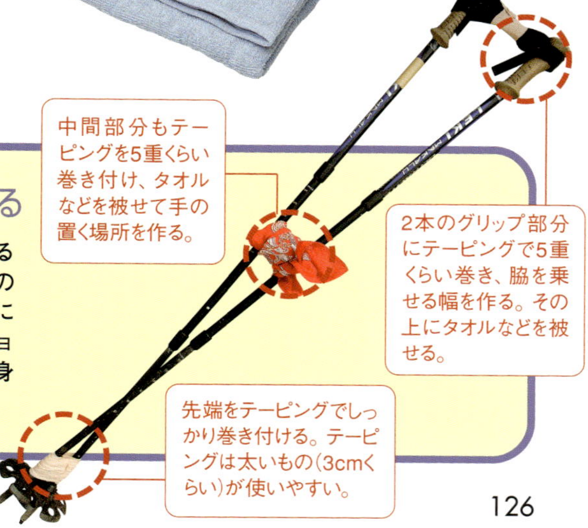
中間部分もテーピングを5重くらい巻き付け、タオルなどを被せて手の置く場所を作る。
2本のグリップ部分にテーピングで5重くらい巻き、脇を乗せる幅を作る。その上にタオルなどを被せる。
先端をテーピングでしっかり巻き付ける。テーピングは太いもの(3cmくらい)が使いやすい。

遭難の防止と対処

■遭難救助にかかる費用

毎年のように新聞やテレビなどで登山者の遭難ニュースが報道されています。その際に救助隊が動員されたり、ヘリコプターで救助をしたりする光景が映し出されています。こうした救助には費用がかかります。しかし、いざ遭難したらお金よりも命を守らなければなりません。安易な気持ちでコースから外れたり、プラン・スケジュールを曖昧に立てたりしないように、登山に対する認識を深めることが何よりも大切なのです。

また、いざという時のために山岳保険(P70参照)に加入しておくことをおすすめします。

木の枝に付けられた登山道の目印

道に迷ったら?

1 来た道を戻る

目印となる道標や、記憶にある分岐点まで戻れば、修正することができる。

2 パーティで対策

道を探す人を決め、残りの人はその場にとどまる。道を探す人は目印を付けながら行動する。

3 その場に留まる

日が暮れる前に安全な場所でビバーク体制をとり、体力を温存する。明るくなって道が見つかる場合も多い。

豆知識

携帯電話で現在地を伝える

自分の現在地を第3者に伝える、GPS機能が付いた携帯電話がある。携帯電話が通じる場所なら、このGPS機能で居場所を伝えれば、救助がスムーズ。

※GPS機能の使い方は、携帯電話各社に問い合わせください。

1 Point Advice

冬山遭難事故防止の心得―遭難は誰にでも起こり得る

- 雪が降ったら、低山でも雪山と認識する
- トレース(踏み跡)のない雪山は、低山でもグレードが上がる
- 念のため軽アイゼン、ストックの準備
- 日が短いので、余裕を持った計画を立てる
- 衣類の着脱をこまめに行ない、体温調節する
- 水分の補給は冬でも怠らない
- 本格的な降雪は短時間で踏み跡を消すので、早目の決断をする
- 悪天の場合は無理をしない

山の天候と天気

■気温差を計算する

暖かくなると外に出て身体を動かしたくなります。登山もその一つで、真夏の高山は、太陽の照り返しがないところでは涼しく感じます。しかし、そこには落とし穴があります。平地で暑いからと薄着で登山してしまうと、高地で後悔します。気温は標高が1000m高くなると6度低くなると言われています。つまり、平地が20度あっても2000mの山の頂上では8度ということもあるのです。また、風速1mで体感温度が1度下がると言われています。

気温の変化

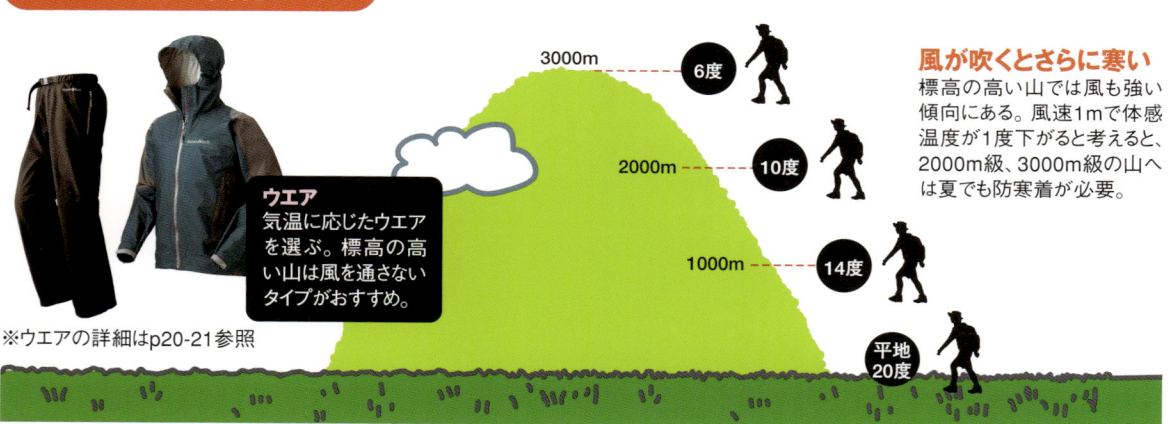

ウエア
気温に応じたウエアを選ぶ。標高の高い山は風を通さないタイプがおすすめ。

※ウエアの詳細はp20-21参照

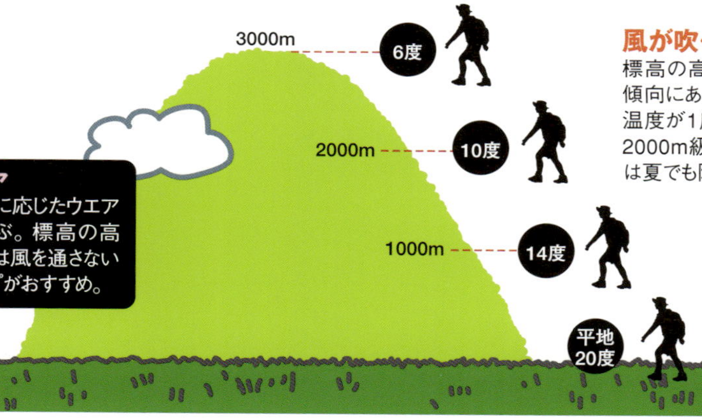
3000m
6度
2000m
10度
1000m
14度
平地
20度

風が吹くとさらに寒い
標高の高い山では風も強い傾向にある。風速1mで体感温度が1度下がると考えると、2000m級、3000m級の山へは夏でも防寒着が必要。

1 Point Advice

ザックカバーを作る

雨具は登山装備の三種の神器です。身体を守る雨具も大切ですが、ザックを守る雨具も必須です。もし、ザックカバーを忘れて雨が降った場合、ゴミ袋があれば簡易的なザックカバーを作ることができます。いざという時のために覚えておくと便利です。

完成

2

ショルダーハーネスを元に戻して、ゴミ袋がザック全体を覆うように調整する。最後にボトム部分でゴミ袋を結べば完成。

1

ゴミ袋の底の部分より20cmくらい上に2つ穴を開ける。ザックのショルダーハーネスのボトム側を取り外し、ゴミ袋をザックに被せて、穴から通す。

雨・風の対応

■場所によって影響は違う

雨が降り始めたら雨具やザックカバーなどで対応します。登山口ではそれほど降っていなくても、山頂の方では激しく降っていることもあり、その場合には沢や川の増水が下流部で起きます。川を何度も渡るコースでは、回り道であっても尾根コースをとるようにしましょう。崖崩れなどの恐れがあるコースも同様です。

また、岩場や細い稜線などで風にあおられてバランスを崩すこともあります。その場合は風がおさまるまで待つか、安全なコースに変更するべきです。危険を感じたら無闇に動かないことも大切な判断です。

天気予報のチェック

1 山域の天候
2 最低気温と最高気温
3 全体の気圧配分

天気予報で当日の天候を確認する。宿泊登山の場合は山小屋で最新情報をつかむ。現地で地元の人に聞けば、最新かつ局地的な情報も得られる。

登山中に突然天気が崩れたら…!?

朝天気がよくても途中で突然天気が崩れることがある。それは登山のベテランでも100%読めないこと。雨具を備えておくことは必須で、歩行が困難となった時の対応も頭に入れておこう。

対応1…山小屋に避難

近くに山小屋があれば、避難するのが一番の得策。山小屋には情報が集まっているので、今後の対策も練りやすい。何より身の安全を確保できる。

対応2…避難所に行く

休憩場所など、少しでも雨・風を避けられる場所で待機する。そこで雨具を付けるなどの対策をしておくとよい。

対応3…歩行をストップ

あまりにもひどい場合は、むやみに動かず、近場で安全なところ見つけて避難する。崖崩れ、土砂崩れが起きそうな場所からは遠ざかること。

1 Point Advice

早めの判断が吉

悪天の場合、山では気象の変化が低地より早く、しかも雨風の影響を受けやすいと言えます。山行前には日本全体の気圧配置を頭に入れておきましょう。そうすれば縦走をやめ、登山口と山頂の往復に変更したり、山行プランそのものを変更したりと、早めの対応が可能になります。

姿勢を低くして
ストックで
身体を支える

天候トラブルの対応

■天候悪化は早めの判断を

天気がよければ、それだけでラッキーな気分になれますが、山登りは自然が相手なので、毎回そう都合よくはいきません。

基本的には早目の判断、これが重要です。どの山にも山小屋があるわけではなく、確実に安全な退避場所が設置されているわけではないからです。対処できないと感じたら、潔く早目に撤退。それは低山であろうと、アルプスであろうと全ての山に通じることです。

空を見て気象変化を感じることもできる。詳しい知識がなくても雲行きが怪しくなったら、危機感を持っておこう。

山のトラブル ― 気象編

雷

山では雷が発生しやすい。雷3日と言われることもあり、前日に雷があったら、次の日も雷があるかもしれないと考えておく。

対処法

①山小屋に避難
積乱雲に注意し、雷が来そうな場合は早めに行動を打ち切る。尾根のコースは変更する。

②低いところへ避難
低いところに避難し、身体を低くして雷が遠ざかるのを待つ。

③大木から離れる
木など高いものに雷は落ちやすい。木の近くにいる場合は、離れておくのが安全。また、岩などにも落ちやすいので注意しよう。

霧（ガス）

気圧の変化で発生するのが霧。眺望が悪くなるだけでなく、登山道が不明瞭になるので、濃くなる場合は要注意。

対処法

①地形図とコンパスで方角を確認
地形図とコンパスで、方角を確認できる。日頃から使用法を習熟しておくことが大切。

②濃くなる一方なら早目に戻る。
一向に霧が切れそうもなければ来た道を戻る。

③無闇に歩きまわらない。
濃い霧の時、無闇に歩き回るのは危険。往々にして霧は一瞬切れることがあるので、そのチャンスを逃さないこと。

降雪

冬の山では吹雪が発生すると視界を塞がれることがある。冬山の遭難は命取りになるので早めの避難が必要。

対処法

①下山する
激しい降雪は踏み跡すらすぐに消してしまう。悪化する前に早めに安全圏に下ること。

②山小屋に避難
近くに山小屋があれば、いったん避難して様子をうかがう。

③救助を要請
歩行困難な状況になったら安全な場所を見つけ、状況によっては救助を要請する。

■台風の時の対策

台風が直撃する山での登山は危険です。しかし、台風が近づいているからといって、登山を全て中止しなければならないわけではありません。

そのためには台風の特徴を知っておく必要があります。例えば、台風は上陸すると勢力が弱まる傾向にある、台風の目の右側が強い、台風が過ぎれば天気の回復が早い、などです。これらの知識を持って、登山前日に中止する場合と、決行する場合の両方を想定しておきます。

また、台風が近づいている場合は、交通機関などの確認も必要です。

山の情報
インターネットなどで登山する山の最新情報を収集する。

天気用法をチェック
天気予報をチェックして、天候状況を把握しておく。

最新情報の収集
山小屋や現地の人に最新の情報を聞く。

主な山岳地の登山についての問合せ先

山岳地	気象情報—各地域の気象台	山岳情報
利尻山・大雪山系・十勝岳	稚内、旭川地方気象台	北海道警察 旭川方面本部地域課
八甲田山系	青森	青森県警察本部地域課
八幡平	盛岡、秋田	岩手県警察本部地域課 秋田県警察本部地域課
鳥海山系	山形、秋田	山形県警察本部地域課
蔵王山系	仙台管区、山形	宮城県警察本部地域課 山形県警察本部地域課
飯豊連峰	山形、新潟、福島	山形県警察本部地域課、山形県警察本部小国警察署、 新潟県警察本部地域課、福島県警察本部地域安全課
巻機山連峰・苗場山	新潟、前橋、長野	新潟県警察本部地域課
谷川岳・草津白根山	新潟、前橋、長野	群馬県警察本部地域課
丹沢山系	横浜	神奈川県警察本部地域総務課
南アルプス・富士山	甲府、静岡、長野	山梨県警察本部地域課 静岡県警察本部地域課
北アルプス・中央アルプス 南アルプス・八ヶ岳	長野、岐阜	長野県警察本部地域課 岐阜県警察本部地域課
北アルプス	富山、岐阜	富山県警察本部地域室 岐阜県警察本部地域課
大山	鳥取	鳥取県警察本部地域課
石鎚山系	松山	愛媛県警察本部地域課 高知県警察本部地域課

イベントに参加する

登山路が分かりやすい山での登山なら、迷うこともなく初心者でも安易に歩くことができます。しかし、山によっては道標もないところがあり、コースや地形を把握していなければ、迷ってしまいます。

そんな時に便利なのが、山登りのイベント。山岳協会や観光協会が主催しているもの、サークルのイベントなど、日本各地で様々な時期に催されています。これらのイベントには登山ガイドの人や経験者が参加しており、初心者でも安心して歩くことができます。

また、イベントに参加することで、登山仲間が増えて、お互いに情報交換をすることもできます。仲間がいれば山の楽しみ方も幅が広くなるでしょう。

最近では、家族登山や親子登山、はたまたペット登山などもあります。

心を通わせる人たちと、大自然の中でゆっくりとした時を共有するのもよいでしょう。

自然と人と触れあう登山

宿泊登山なら山小屋などで、お酒を飲むことも可能。登山に影響を及ばさない程度に。

登山ガイド（写真右／先頭は監修者の樋口英子さん）が一緒なら、安心して山を楽しめる。

Part 5

日本全国山岳ガイド

利尻山《りしりさん》

中・上級者　北海道　1721m

■プロフィール

北海道の日本海上に浮かぶ利尻島にある山。リイシリはアイヌ語で「高い山のある島」という意味で、海からすっくりと立ち上がった山容は見事な美しさ。海抜0mからスタートでき、険しい山で登山としては難易度の高いコースなので、準備はしっかりしたい。礼文岳（490m）と組み合わせれば雰囲気の違う二つの山を楽しめる。

■交通

千歳空港、椎内空港から電車またはバスで「椎内駅」まで移動。椎内駅より椎内フェリーターミナルへ徒歩で移動し、フェリーにて鴛泊港フェリーターミナルへ。沓形方面へは沓形港フェリーターミナルへ。登山口までは自動車での移動となる。千歳から利尻空港への便もある。

■コースガイド

コースは鴛泊と沓形の二つがあるが、ここでは鴛泊往復とする。鴛泊からキャンプ場まで車で入ることができ、ここからスタート。3合目の甘露泉水から

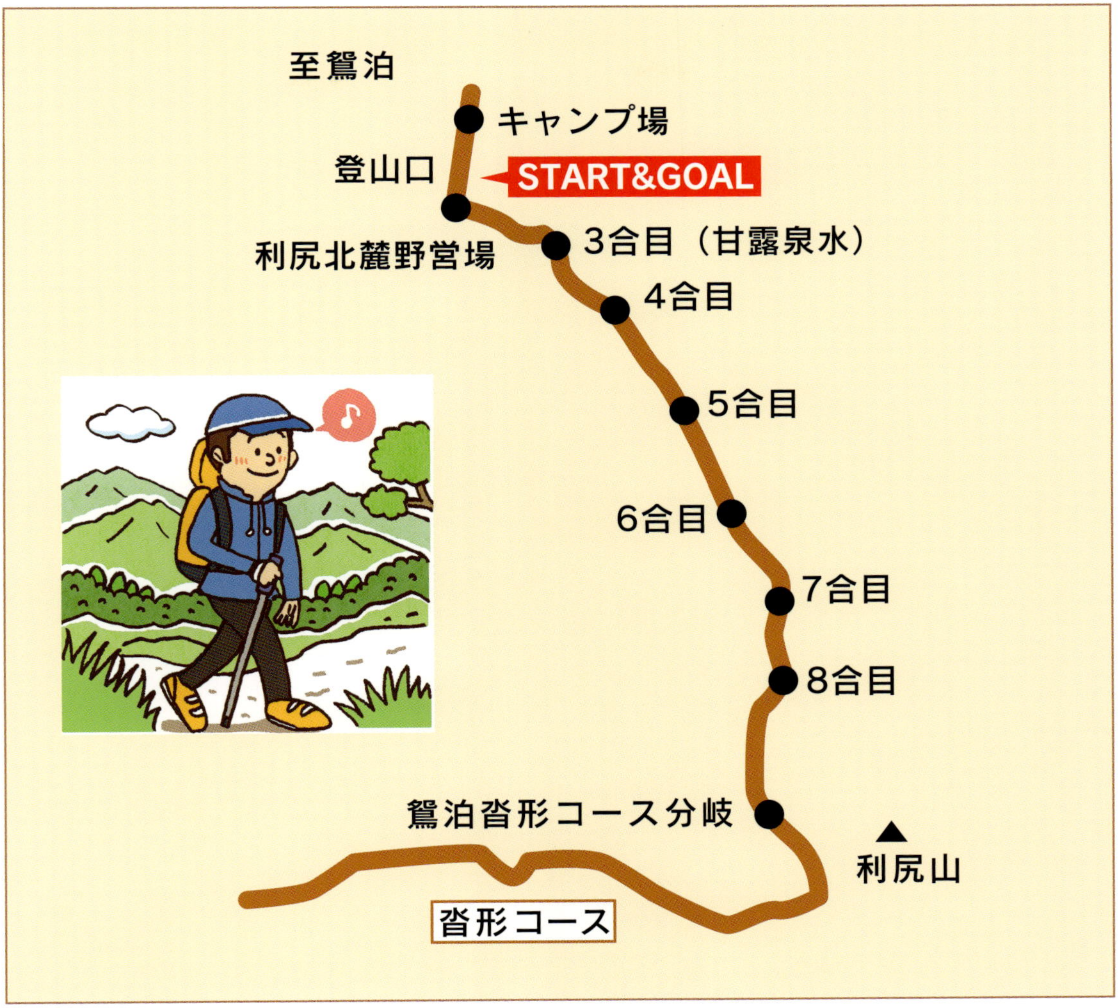
至鴛泊
キャンプ場
登山口
START&GOAL
利尻北麓野営場
3合目（甘露泉水）
4合目
5合目
6合目
7合目
8合目
鴛泊沓形コース分岐
利尻山
沓形コース

上るに従って傾斜は次第に急になる。岩がゴロゴロして歩きづらいところもあるが、展望がひらけ、花も多くなってくる。沓形コース合流点から山頂までは急なガレ場があるので、最後まで気を抜かないように。たどり着いた山頂からの景色はすばらしいのひと言に尽きる。下山は山頂直下のガレ場に気を付け、慎重に往路を戻る。

■ 参考コースタイム

北麓野営場（1時間30分）―5合目（1時間20分）―長官山（2時間）―利尻山（約4時間）

おすすめPOINT

- 海に浮かぶ山のロケーションが他にない
- 約650種の植物がある（うち3種は日本では利尻島のみ生息）
- 日本最北端の国立公園内にあり、季節を先取りできる

北岳 きただけ

中・上級者　山梨県　3193m

■プロフィール

富士山に次ぐ日本第2位の高峰であり、南アルプスの王者と言われる。高山植物も豊富で、展望も抜群だ。草すべり往復コースをとる、山腹と山頂近くにある山小屋を利用するなど、余裕を持ったプランで上りたい。

■交通

JR中央本線「甲府駅」下車。バスで登山口広河原へ（約2時間）。

■コースガイド

広河原山荘の脇からスタートすると、しばらくして大樺沢と御池コースに分かれる。どちらでも大差はないが、ここでは御池コースをとる。

樹林帯の急登が続き、やがてトラバースに入ると、御池小屋はもう近い。できれば初日はここでゆっくり休養とっておき、その分、翌日は早めに出発するとよい。

暑くならないうちに草すべりを上ってしまおう。上部にいくほど花が増え、楽しさが増す。小太郎尾根に出たら3000m

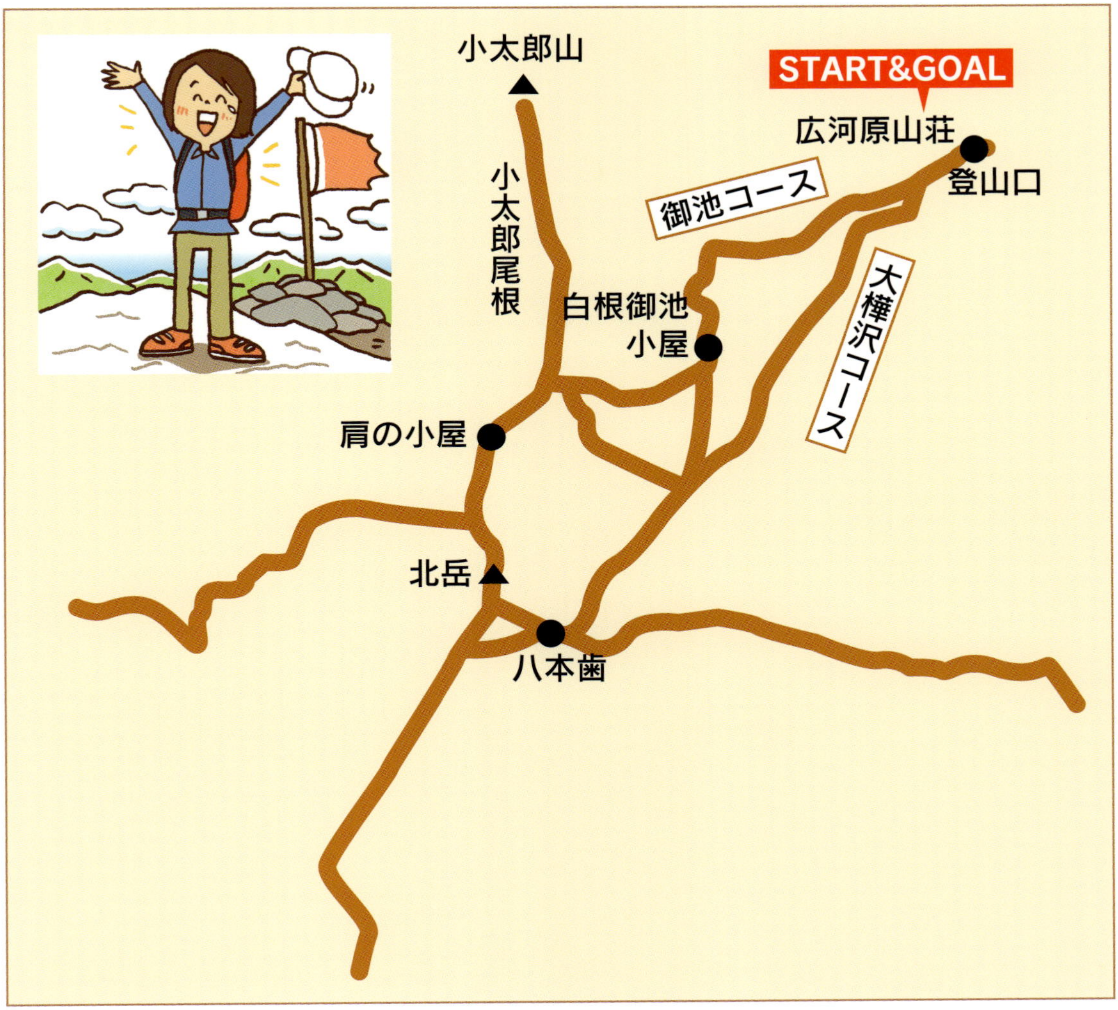
小太郎山
START&GOAL
広河原山荘
登山口
御池コース
小太郎尾根
白根御池
小屋
大樺沢コース
肩の小屋
北岳
八本歯

のダイナミックな稜線をたどり、肩の小屋から小1時間で山頂に着く。

下山は余裕があれば八本歯から大樺沢コースを歩いてもいいが、余裕がなければ往路を戻る方が楽だ。

■参考コースタイム

広河原（3時間）ー白根御池小屋（3時間）ー小太郎尾根（1時間）ー北岳（40分）ー小太郎尾根ー（1時間50分）ー白根御池小屋ー（2時間）ー広河原

おすすめPOINT

- 日本第2位の高峰で眺望のスケールが大きい
- 高山植物が豊富。夏は100種類以上が見える
- 山頂付近に150人規模収容の山小屋がある

九重山（久住山）くじゅうさん

中·上級者　大分県　1791m

■プロフィール

久住山を主峰とする九重山群は、雄大なスケール。特に山腹に広がるのびやかな高原では、ミヤマキリシマのピンクに包まれる初夏、草原が金色に染まる秋に、おおらかな自然を堪能させてくれる。

■交通

久留米よりＪＲ久大本線「豊後中村駅」下車。バスで「牧ノ戸峠」へ。

■コースガイド

数や体力に応じて数通りのコースがある。ここでは牧ノ戸峠から長者原へのコースを紹介。

牧ノ戸峠バス停より沓掛山、西千里浜の草原を経て、避難小屋のある久住分かれに出る。火口まで直登して縁を右にたどれば３６０度の展望が広がる山頂に着く。

山頂から空池、御池に出て九州本土の最高峰の中岳へ。ここより東千里浜に下り、白口岳を経て鉾立峠を急降下で、九州最高峰の温泉・法華院温泉に着く。高原坊ガツルから九州自然歩道

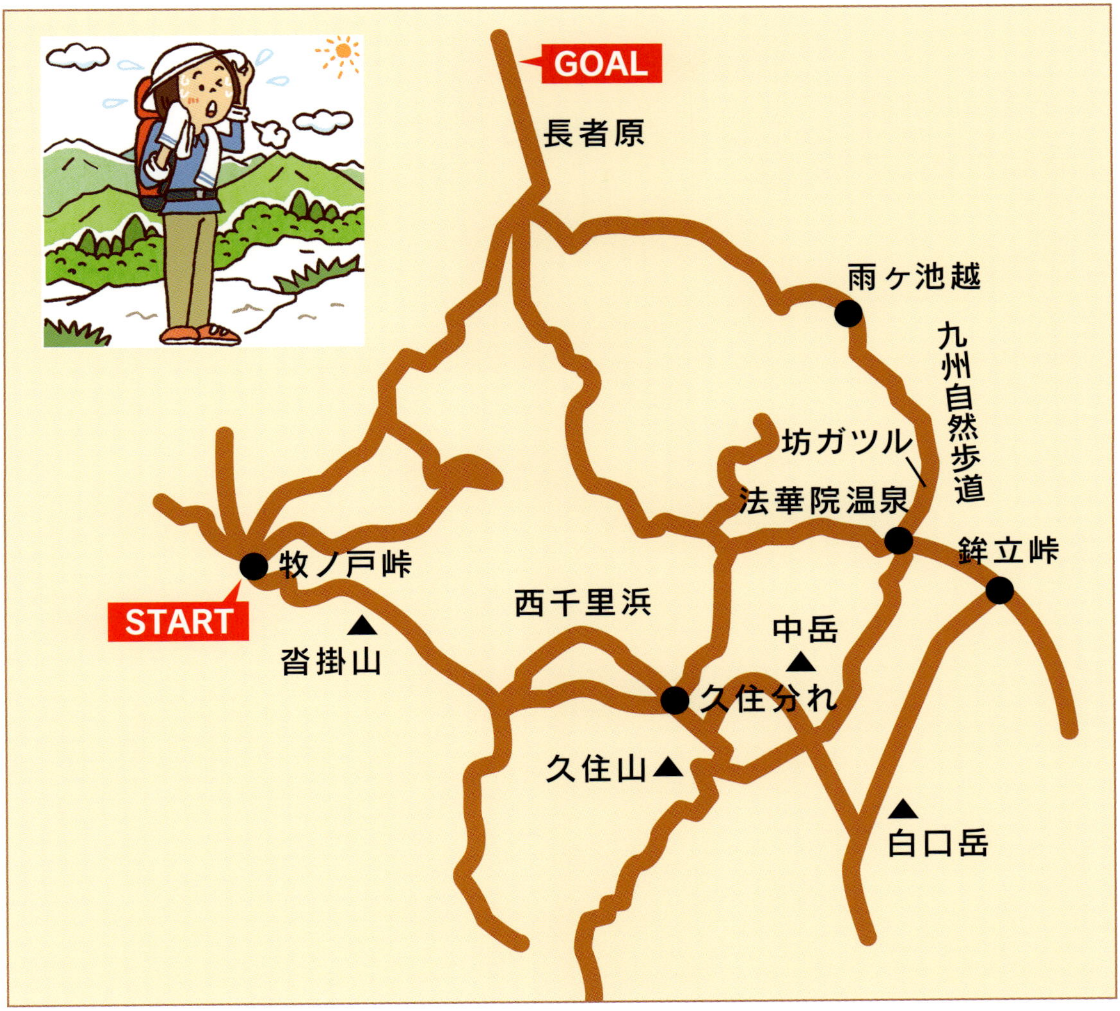

を利用すれば、雨ヶ池越を経て短時間で広々とした湿原の長者原に出る。

■参考コースタイム

牧ノ戸峠（2時間）ー久住山（40分）ー中岳（50分）ー白口岳（30分）ー鉾立峠（20分）ー法華院温泉（15分）ー坊ガツル（40分）ー雨ヶ池越（1時間）ー長者原

おすすめPOINT

- 同クラスの山が連なり、ダイナミックな景観
- 久住高原や九州最高峰の中岳など、気持ちのよい展望が広がる
- 九州最高峰の温泉・法華院温泉でゆっくりするのもよい

姫神山

ひめかみさん

初級者　岩手県　1124m

■プロフィール

石川啄木のふるさとの山であり、その名の通り長く裾野をひいた山容は優雅で心惹かれる山容。山頂からの展望は岩手山、早池峰などが広がり、その大パノラマがすばらしい。盛岡駅からも近く、アクセスが便利。

■交通

JR「盛岡駅」よりIGR「好摩駅」、「渋民駅」へ。駅から登山口まではタクシーで15分。

■コースガイド

いくつかコースがあるが、ポピュラーな一本杉コースから城内コースを紹介。キャンプ場のある一本杉登山口からは階段状の急な上りが続く。時間的には短いので、ゆっくり上ろう。8合目近くになると緩やかになり、背後に七雨山もせり上がってくる。やがて露岩帯があらわれれば城内コースと合流し、山頂に出る。

下山は南西の城内コースをとる。笠石や水石といった奇岩、姫神神社を過ぎ、急坂のひと下りで水場のある清水神社に着く。ここから城内登山口はすぐ。

■参考コースタイム

一本杉登山口（1時間）ー8合目（45分）ー姫神山（50分）ー城内登山口（45分）

おすすめPOINT

- 子供からお年寄りまで上れる、歩きやすいコース
- 樹齢300年の杉の古木を鑑賞できる
- 山頂からは山々や北上川など自然を眺望

八幡平

はちまんたい

初級者　秋田県　1613m

おすすめPOINT

- 春は木道の周辺にミズバショウなどの花が咲き乱れ、気持ちよく歩ける
- 頂上から見る樹林や湿原、湖沼などの景観がすばらしい
- 頂上の近くにある藤七温泉の露天風呂で汗を流せる

GOAL
八幡平山頂
源太森
八幡沼
茶臼岳
八幡平アスピーテライン
茶臼口
START

プロフィール

広大な頂上部は、アオモリトドマツの樹海の中に大小多数の池塘や沼が点在し、見事な景観を作りだしている。高山植物の種類も多い。花の時期、紅葉の時期ともに楽しめる。

交通

ＪＲ「盛岡駅」よりバスで「茶臼口」下車（約90分）。

コースガイド

八幡平は観光シーズンになると人が多くなるので、静けさが楽しめる茶臼岳コースがおすすめ。

茶臼口バス停から茶臼岳に上れば展望がひらけてくる。湿原の花が美しい黒谷地から源太森、ひと下りで八幡沼に出る。花の咲き乱れる木道を進み、避難小屋が見えたら、そのすぐ先が山頂だ。頂上バス停までは人が多くなるが、すばらしい展望が出迎えてくれる。すぐ下の藤七温泉の露天風呂で汗を流すのもよいだろう。

参考コースタイム

茶臼口バス停（1時間）－茶臼岳（1時間）－源太森（30分）－八幡平（20分）－八幡平山頂（20分）－八幡平頂上バス停

焼石岳

やけいしだけ

中・上級者　岩手県　1548m

■プロフィール

花の名山が多い東北の中でも、その種類の多さは群を抜いている。中沼登山口から日帰りで往復できるが、春でも雪が残っていることも多いので、早い時期は状況を把握して上ろう。

■交通

新幹線「水沢江刺駅」からＪＲ「水沢駅」を経由して、バスで「ひめかゆ停留所」下車。中沼登山口まではタクシーで30分。

■コースガイド

中沼登山口からブナ林の道を行く。ひっそりとした中沼から小さい上沼に出ると、たくさんの花が見られる。つぶ沼分岐から湿原の上りで銀名水の避難小屋に着く。ここの水は最高においしい。低木帯の上りで姥石平に続く台地にのれば、花、花、花の世界に入る。姥石平からゆるやかな上りで、焼石岳山頂だ。360度の展望を楽しんだら、下山は往路を戻る。

■参考コースタイム

中沼登山口（40分）－中沼（50分）－つぶ沼分岐（30分）－銀名水避難小屋（1時間）－姥石平（30分）－焼石岳（1時間20分）－銀名水避難小屋（1時間30分）－中沼登山口

おすすめPOINT

- 東北随一の豊富な種類の花が咲いている山
- 銀名水の避難小屋で名水を飲むことができる
- 花の景観の中を歩いた後、頂上では360度の展望

森吉山

もりよしやま

初·中級者　秋田県　1454m

おすすめPOINT

- 人が少なくのんびりとした山行ができる
- 湿原の山人平には、きれいな花が咲き乱れている
- 麓ではマタギの里の雰囲気を味わえる

■プロフィール

関東からはアプローチに時間のかかる山だが、それだけにおおらかな自然に出会え、感動する。秋田内陸縦貫鉄道にゆられ、マタギの里の雰囲気に触れ、山旅として楽しめる。

■交通

秋田新幹線「角館駅」から秋田内陸縦貫道鉄道「阿仁前田駅」下車。タクシーで登山口へ。

■コースガイド

森吉山へはノロ川、阿仁スキー場などのいくつかのコースがあるが、ここでは様田コース往復をとる。

コメツガ山荘からスキー場を通って一ノ腰に出る。シラネアオイ、サンカヨウが美しい。一ノ腰からは稜線通しになだらかな山頂部が見え、森吉神社を過ぎると石森でブナ帯コースと合流する。このあたりから山頂までは見事なお花畑が続く。山頂のパノラマを堪能したら、湿原の花がすばらしい山人平を往復してもよい。

■参考コースタイム

コメツガ山荘（1時間30分）ー一ノ腰（40分）ー森吉神社（1時間）ー森吉山（山人平往復50分）ー森吉山（1時間）ー一ノ腰（50分）ーコメツガ山荘

会津駒ヶ岳

あいづこまがたけ

中・上級者　福島県　2133m

■プロフィール

上り着いた山頂には草原と湿原があり、その景観に心が癒される。この山を知ったことで、会津や只見といった東北の渋い山の魅力にとりつかれる人も多いことだろう。山麓の桧枝岐にある民宿や温泉もくつろげるので、宿泊するのもよい。

■交通

野岩鉄道「会津高原尾瀬口駅」からバスで「駒ヶ岳登山口」下車。タクシーで登山口へ。

■コースガイド

駒ケ岳登山口バス停から滝沢沿いに車道を歩き、登山道に入る。急坂のブナ林から尾根に出て、さらにジグザグの登山道を繰り返すと水場への分岐だ。このあたりから傾斜が緩み、9合目付近になると、湿原となり木道があらわれる。駒ノ小屋の前で大津岐峠への道を分け、右の道をとれば湿原を経て山頂に出る。展望と花を楽しんだら、往路を戻る。

■参考コースタイム

駒ケ岳登山口（30分）ー林道終点（1時間40分）ー水場分岐（1時間30分）ー駒ノ小屋（20分）ー会津駒ケ岳（1時間20分）ー水場分岐（1時間30分）ー駒ケ岳登山口

おすすめPOINT

- **山頂には草原と湿原の両方があり、すばらしい景観**
- **麓のには民宿や温泉があり、心身を癒される**
- **湿原の中の木道を歩くのは、爽やかで気持ちいい**

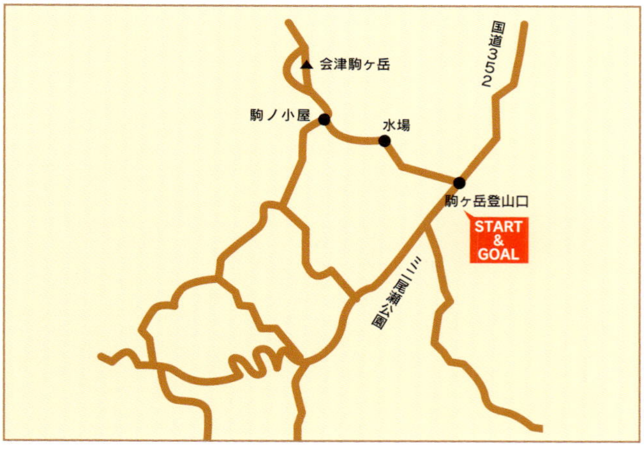

浅草岳

あさくさだけ

初・中級者 | 福島県ー新潟県 | 1585m

おすすめPOINT

- 冬のブナ、春から初夏の新緑とヒメサユリ、秋の紅葉と、四季折々の景観がある
- 黄金色に輝く水面の鏡ヶ池が近くにある
- 麓には民宿があり、のんびりとした時間を送れる

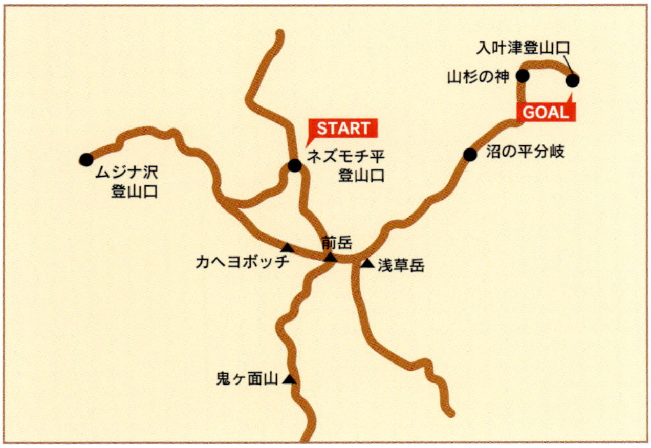

■プロフィール

豪雪地帯にある山で、ブナの景観がすばらしく、新緑が眩くなる頃は可憐なヒメサユリも見られる。頂上一帯の湿原が金色に輝く紅葉時もよい。電車の本数が少ないのが難だが、麓の民宿で素朴な雰囲気を味わえる。

■交通

上越線「小出駅」より、JR只見線にて「大白川駅」下車。タクシーで登山口へ。

■コースガイド

車が入れる大白川側から入り、入叶津へ下るコースを紹介。登山口の駐車場からスタートすると、すぐにネズモチ平で急登が始まる。前岳の手前までがんばれば視界がひらけ、初夏なら美しいヒメサユリが見える。なだらかな草原から前岳を過ぎれば山頂部のお花畑に出る。山頂からは北東に草原の道を下る。避難小屋を過ぎるとブナの森になり、沼の平への分岐を左に見送ると山杉の神だ。ここからひと下りで入叶津登山口に着く。

■参考コースタイム

林道終点登山口（2時間）ー前岳（20分）ー浅草岳（1時間10分）ー沼の平分岐（40分）ー山杉の神（40分）ー入叶津登山口

天城山《あまぎさん》

初級者　静岡県　1406m

■プロフィール

川端康成の「伊豆の踊り子」で知られる天城連山は、豊かな原生林に包まれている。シャクナゲ、アセビ、ヤマツツジの咲く春、そしてブナが紅葉する秋がすばらしい。山麓にある温泉もセットにすれば、伊豆の山の魅力がさらに増す。

■交通

JR「伊東駅」からバスで「伊豆高原ゴルフ場バス停」へ。

■コースガイド

天城高原ゴルフ場バス停から少し戻ったところが登山口。15分ほどでT字路となり、ここは左折して万二郎岳に向かう。5、6月ならシャクナゲやヤマツツジの花が見事だ。万二郎岳からは稜線をたどり、石楠花のコル（※）から急登で万三郎岳に着く。下山はここから北斜面をとり、下りきった十字路を右にとる。深い樹林の山腹を巻き、往路のT字路分岐に出れば周遊が終る。

■参考コースタイム

天城高原ゴルフ場バス停（15分）ーT字路（1時間）ー万二郎岳（1時間）ー万三郎岳（35分）ー十字路（1時間30分）ーT字路（15分）ー天城高原ゴルフ場バス停

おすすめPOINT

- 原生林に包まれた豊かな自然を見ながら歩ける
- のんびり歩くことのできる周遊コース
- 麓の温泉をセットにして伊豆の山を楽しめる

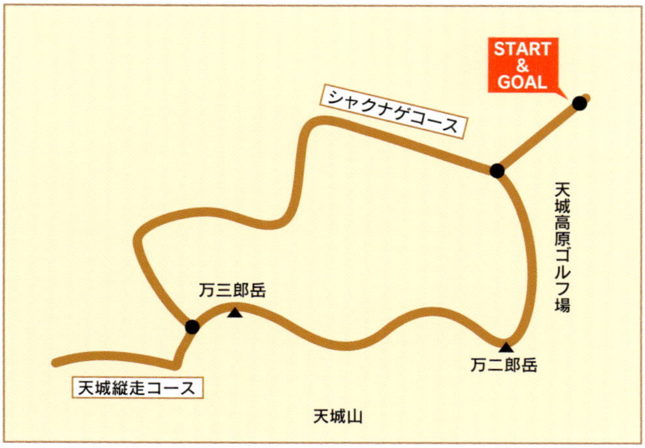

※コル……山と山の間にある鞍部のこと

蝶ヶ岳
ちょうがたけ

中・上級者　長野県　2664m

おすすめPOINT

- 頂上には蝶槍と呼ばれる岩塊がある
- 360度のパノラマで南アルプスが広がる
- 原生林の中での登山から頂上に出た時が壮快

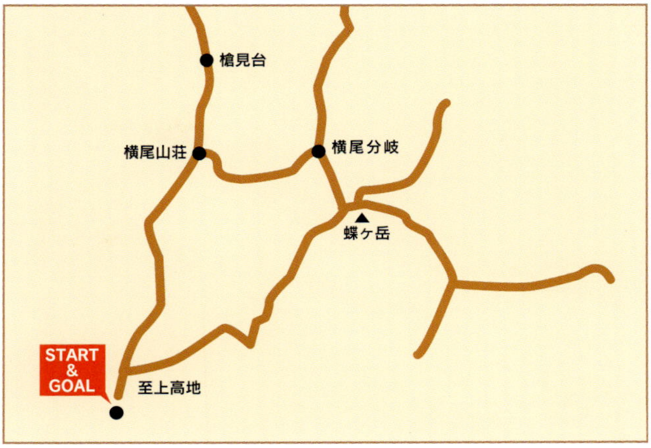

■プロフィール

北アルプスの中では地味な存在だが、展望は抜群。目の前の槍、穂高連峰はもちろん、中央、南アルプス、八ヶ岳など、３６０度の大パノラマが広がる。小屋を上手に利用すれば安心して登山できる。

■交通

松本電鉄上高地線「新島々駅」で下車し、タクシーで登山口へ。

■コースガイド

１日目、上高地から横尾に入り、横尾山荘泊。２日目、山荘の少し先から道標に導かれスタート。途中槍見台で槍ヶ岳が遠望できるが、あとは深い原生林の中の上りだ。やがて上部が明るくなり傾斜が落ちてくると、稜線に飛び出し、槍、穂高連峰が目の前に広がる。稜線をひと上りで山頂、３６０度のパノラマに今までの苦労も忘れてしまう。頂上の北側には蝶槍と呼ばれる岩塊もある。

下りは長塀山経由で徳沢に下りてもいいが、急な下りが続くので、自信がなければ往路を戻ろう。

■参考コースタイム

上高地（3時間20分）－横尾（45分）－槍見台（2時間30分）－蝶ヶ岳（2時間10分）－槍見台（30分）－横尾（3時間20分）－上高地

白山

はくさん

中・上級者

石川県
｜
岐阜県

2702m

■プロフィール

古くから信仰の山として崇拝されている白山は、深い自然をも感じさせてくれる。特に高山植物は種類、美しさとも花好きの人にはたまらない魅力となっている。できるだけ時間をとって、ゆっくり楽しみたい。

■交通

ＪＲ「金沢駅」から登山バス（期間限定）で登山口へ。

■コースガイド

別当出合から御前峰往復を紹介する。別当出合から砂防新道をとり、甚ノ助ヒュッテに着く。十二曲りの急坂を上ると、黒ボコ岩で観光新道との合流点。弥陀ヶ原で花の大群落に迎えられ、右からエコーラインの道と合流すれば、やがて宿泊地白山室堂に到着する。

2日目は白山室堂から。最後やや急登となって御前峰に着く。往路を戻る。黒ボコ岩で砂防新道を見送って右に入り、殿ヶ池ヒュッテ、市兵衛茶屋跡と下って別当出合に出る。

■参考コースタイム

別当出合（2時間20分）ー甚ノ助ヒュッテ（1時間30分）ー黒ボコ岩（30分）ー白山室堂（40分）ー御前峰（50分）ー黒ボコ岩（1時間）ー殿ヶ池ヒュッテ（1時間）ー市兵衛茶屋跡（30分）ー別当出合

おすすめPOINT

- 古くから信仰の山として崇拝されている
- 高山植物の種類が豊富で花好きにはたまらない美しさ
- 宿泊すればのんびりと自然を堪能できる

伊吹山《いぶきやま》

中級者 | 滋賀県 | 1377m

おすすめPOINT

- イブキトラノオ、イブキジャコウソウなど、山名の付いた花が広がる
- 山頂に宿泊できる山小屋があり、夕日や夜空を見られる
- 山頂の展望がすばらしい

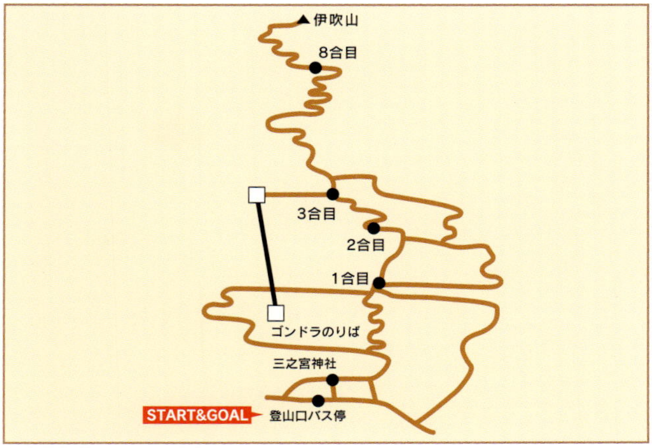

■プロフィール

山頂部に広がるお花畑がすばらしく、イブキトラノオ、イブキジャコウソウなど、この山名の付いた花に出会え、展望もよい。ただ、車で入れるため、昼間は混雑する。山頂の宿泊所に泊まり、時間をずらせば静かな伊吹山が味わえる。

■交通

JR東海道本線「近江長岡駅」からバスで「伊吹山登山口」下車。

■コースガイド

北面は山頂近くまでドライブウエイが通じているので、南面のコースをとる。伊吹登山口バス停から三之宮神社を通り、ゴンドラのりばから入る。1合目からほとんど木陰がないため暑い日は辛い。3合目のリフト終点を過ぎるとジグザグの急登となり、山頂直下でようやく傾斜が緩む。山頂の向こうにお花畑が広がる。花の時期は北面から車で来た人々で賑やかだ。山頂の小屋で1泊してゆっくり景色を見るのもいい。下りは往路を戻る。

■参考コースタイム

伊吹登山口バス停（5分）ー三之宮神社（1時間30分）ー3合目（1時間30分）ー8合目（30分）ー伊吹山（2時間）ー伊吹登山口

藤原岳《ふじわらだけ》

初·中級者 | 三重県－滋賀県 | 1120m

■プロフィール

御在所岳と並ぶ鈴鹿山脈の名山。最近では花の山として人気が高く、特にセツブンソウ、フクジュソウの咲く3、4月はかなり賑わっている。山麓にある古刹聖宝寺の美しい庭園も見られるのが魅力だ。

■交通

三岐鉄道「西藤原駅」で下車し、大貝戸登山口まで徒歩10分。

■コースガイド

西藤原駅から大貝戸道を左に分け、庭園の美しさで有名な聖宝寺を目指す。庭園散策後、細い川を渡ると山道となり急登が始まる。5合目あたりから傾斜はやや緩やかになり、8合目で大貝戸道と合流する。やがて展望がひらけて藤原山荘まで来ると、1140mの展望丘は目の前だ。余裕があるようなら石灰岩の岩が点在する天狗岩を往復してもよい。

下山は8合目まで往路を戻り、右の大貝戸道を下って朝の分岐点を右にとれば、駅に出る。

■参考コースタイム

西藤原駅（25分）－聖宝寺（1時間20分）－8合目（30分）－藤原山荘（往復40分展望丘）（往復1時間天狗岩）－藤原山荘（20分）－8合目（1時間10分）－西藤原駅

おすすめPOINT

- 御在所岳と並ぶ鈴鹿山脈の名山である
- 麓に庭園の美しさで有名な聖宝寺がある
- セツブンソウ、フクジュソウなど、花の山としても人気

武奈ヶ岳

ぶながたけ

中級者　滋賀県　1406m

おすすめPOINT

- 稜線の曲線が優雅で、気持ちよく歩くことができる
- 日帰りで楽しめる本格的な登山コースが魅力
- 開放感溢れる山道には、四季折々の自然がある

■プロフィール

比良山系の最高峰で、優雅な曲線が美しい山。日帰りで、尾根や渓谷、湿原と変化あるコースを楽しめる。開放感溢れる山道は、四季折々の豊かな自然を感じることができる。

■交通

JR湖西線「比良駅」で下車し、徒歩で登山口へ。

■コースガイド

イン谷口から大山口、青ガレを経て金糞峠に向かい、その先のヨキトウゲ谷沿いの道をとって中峠に出る。北にはコヤマノ岳から武奈ヶ岳のコースが分かれている。ここでは西側のワサビ峠に向かう。峠からは武奈ヶ岳に向かってのびやかな稜線が続いている。

360度の大展望を満喫したら、下山は少し戻ってイブルギのコバを目指す。湿原の花を楽しんだら金糞峠に出て往路を戻る。

■参考コースタイム

イン谷口（25分）ー大山口（1時間25分）ー金糞峠（50分）ー中峠（30分）ーわさび峠（40分）ー武奈ヶ岳（1時間10分）ー八雲ヶ原（30分）ー金糞峠（1時間15分）ーイン谷口

知っておきたい 山の用語事典

ア行

●アイゼン
雪道や氷の上を歩く時に、滑らないように靴底に付ける金属製の爪。

●アプローチ
登山口や登山道までの取付のこと。

●アクシデント
事故や遭難のこと。

●アルパインスタイル
荷物を背負い、長い距離を歩いて頂上を目指すスタイルのこと。

●浮石
不安定な石。

●エスケープルート
何らかのアクシデントがあった時に、予定したコースを変更するルート。

●尾根
山の背にあたる部分で、稜線、山稜とも言う。

●オーバーバング
傾斜角度が垂直以上になっている岩のことを指す。

カ行

●ガス
霧のこと。

●カフ
登山靴の足首の部分の名称。

●ガレ場
大小の石が重なっているところ。ガラ場とも言う。少し大きな石が堆積したところを「ゴーロ」と言う。

●キレット
稜線がVの字型に深く切れ込んでいるところを指す。

●鎖場
登山道に鎖が付けられたところを指す。

●ケルン
小石を円すい型に積んだもので、道標や危険場所の印として使われる。山頂の印の時もある。

●ゴーロ
大きな石がゴロゴロと堆積したところ。

●コッヘル
登山やキャンプなどで使う鍋。アルミ製、ステンレス製、チタン製などがあり、軽量で収納性が高い。

サ行

●ザレ場
小石が重なっているところ。滑りやすく不安定なので、基本の歩き方を忠実に守る。

●沢
自然の河川。川との区分は難しく、峡谷や渓谷に多く見られる。

●3点確保
岩場での基本技術の用語。両脚、両手のうち1肢だけを動かして岩を上ること。

●三角点
三角測量によって緯度・経度を定める基準点。見通しのよい山頂に設置されることが多い。

●縦走
山頂から山頂へ稜線伝いに歩くスタイルのこと。

●シュラフ
寝袋のこと。

●スタンス
足場のこと。

●ストック
T字型、I字型のグリップで、歩行をスムーズにしたり、身体のバランスを保つために用いる道具。

●雪渓
夏になっても残っている雪。

シュラフ

タ行

●ツェルト
小型の簡易テント。ビバークの時や避難時に使用する。

●出合
2つの川が合流する地点のこと。

●峠
地形上で言うと、山道を上りつめて下りにかかる部分。山と山の間で低くなっている場所をコルとも言う。

●トラバース
山腹を横切ること。

ナ行

●入山
山に入ること。

ハ行

●パッキング
ザックに荷物をつめることを指す。

●パーティ
複数人で登山する際のグループ。

●ハーネス
クライミング用のベルト。ザックの場合はショルダーハーネスがある。

ツェルト

●ビバーク
野宿や露営をすることを指す。

●百名山
深田久弥氏の日本全国の百名山が有名である。他にもそれぞれの地域での百名山や二百名山などがある。

●フライ
雨を防ぐためにテントに被せるシート。

マ行

●水場
飲み水が確保できる場所。そのまま飲めない水もあるので注意が必要。

ヤ行

●山小屋
山岳地にある小屋で、宿泊、休憩、避難場所として利用できる。規模、内容ともに様々な種類がある。

ラ行

●稜線
山の背の部分。尾根と同じ意味。

●ルート
登山路のこと。コースと同じ意味。

登山・トレッキング・ハイキングの違い

ハイキングとトレッキングの境界線を引くのは極めて難しいです。両方に共通しているのは、必ずしも山頂までたどり着かなくてよいということ。一般的にハイキングは野山などの標高の低い山、トレッキングは高山などを歩く時に使われます。登山は字のごとく、山に登るという意味ですから、一般的に山頂を目指すことで使われます。

登山計画書（登山届）

御中　　　　　　　　　　　　　　　　　　　　年　　月　　日

団体名

所　属　　　　　　　　山岳連盟（協会）

代表者氏名

代表者住所

代表者電話

捜索費用にあてる保険加入の有無　　あり　なし

緊急連絡先

氏　名

住　所

電　話

救助体制　　ある（　　名）　なし

保険会社　（　　　　　　　　）

目的の山域・山名					
登山期間				最終下山日	（予備日含む）
任務	氏名 生年月日	性別	年齢	住　所 電　話	緊急連絡先・氏名 住所または電話

日　程	行　動　予　定
(1)　　/	
(2)　　/	
(3)　　/	
(4)　　/	
(5)　　/	
(6)　　/	
(7)　　/	
(8)　　/	
荒天・非常時 対策 エクケイプルート	

（概念図）

テ　ン　ト(型・人用・張)	
ツェルト(人用・張)	
ロープ(m・本)	
通信機器(台・Mhz)	
携帯電話番号	
食　　　料(日分)	
非　常　食(日分)	
燃　　　料(日分)	

（その他の連絡事項）

連絡先　<u>**家庭**</u>、クラブ（山岳会）、職場、学校など
<u>**山域の登山指導センターや案内所**</u>、登山口の登山届ポストなど
<u>**登山地域の都道府県警察本部地域課**</u>（北海道を除き県庁所在地にあります）
または**地元の警察署**、交番、駐在所

注意　登山計画書を提出したところには、必ず下山の報告をすること
条例に基づく登山届出（提出義務があります）は所定の届け先に提出すること

※記入内容の説明は、p38〜39参照。
※コピーして使用できます。

より快適な山行にするためには、山行後の反省が大切。記録書に残すことで、山行を振り返ることができ、次に生かせます。

ビギナーのための ステップアップ記録書

■日帰り

山　名		場　所		標　高（累積標高）	
日　時				天　気	
メンバー					
コース					
スケジュール					
目　的					
総　括					

■宿泊用

山　名		場　所		標　高 （累積標高）	
日　時				天　気	
メンバー				宿泊先	
コース					
スケジュール	（1日目） （2日目）				
目　的					
総　括					

監修者profile Eiko Higuchi

樋口英子

日本山岳ガイド協会公認ガイド。
高校時代から縦走、沢登りに親しむ。社会人山岳会で様々な山を経験し、ネパール・ヒマラヤの遠征やトレッキング、アジア各地にバックパックの旅をする。無名山塾講師として長年活動した後、2000年に樋口英子山の会「オフィスヒグチ」を設立。山岳ガイドとして現在に至る。著書に『女性ガイドのしなやかな登山術』（東京新聞出版局）などがある。

山へ行こう.com　樋口英子の山のプラン

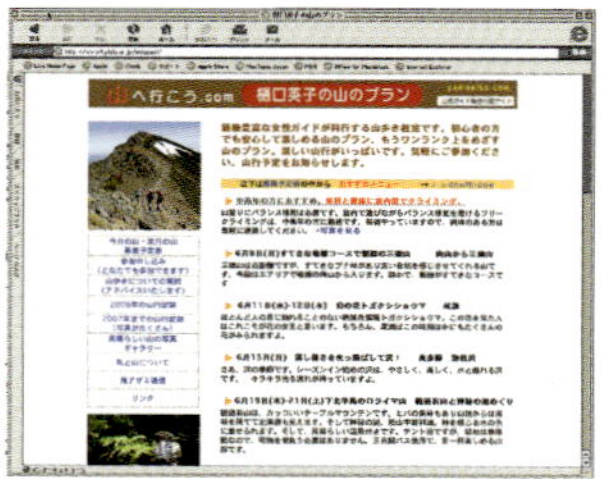

山歩き教室「樋口英子の山のプラン」には、初心者、中高年、誰でも入会でき、樋口英子が体力と経験に合ったプランを提案する。樋口英子がガイドとして一緒に歩くので安心。また、下記のホームページアドレスにて、山行予定や山歩きについての質問を受け付けている。

http://www.yamaeiko.com

Special thanks

モンベル mont-bell　http://www.montbell.com

日本のアウトドアメーカー。日本各地に直営店を展開し、登山用品をはじめとしたアウトドア用品を提供している。また、商品はオンラインショップからも購入できる。

モンベルクラブ 渋谷店

1階から4階までがアウトドア用品全般の売り場となっており、5階にサロン、地下1階にエスニック・ファーストフード・カフェが併設されている。店内に13mのクライミングウォールがある。

国土交通省 国土地理院
財団法人 日本地図センター

八王子市都市計画室
高尾登山電鉄株式会社
東京都高尾ビジターセンター
山門前もみじや

甲州市役所観光協会
大菩薩の湯　http://www.daibosatsunoyu.com/
ロッヂ長兵衛　http://www.kcnet.ne.jp/~choubei/

ネスレ日本株式会社　http://www.nestle.co.jp/
第一三共ヘルスケア株式会社　http://www.daiichisankyo-hc.co.jp/

利尻町観光協会
利尻富士町観光協会
三重県観光連盟
盛岡市観光課
（社）八幡平市観光協会
奥州市胆沢総合支所商工観光課
北秋田市役所産業部商工観光課
檜枝岐村企画観光課
魚沼市商工観光課　国民宿舎浅草山荘
安曇野市商工観光課
南アルプス市観光商工課
伊豆市観光協会
（財）白山観光協会
米原市商工観光課
いなべ市農林商工課
大津市観光振興課
九重町観光協会
大分県竹田市総合支所商工観光課

参考文献

大泉書店「山歩き完全マニュアル」
池田書店「はじめての山歩き」
東京新聞出版局「女性ガイドのしなやか登山術」
暮らしの手帖社「あるく」

写真●宇賀神善之／市瀬真以／北原千恵美（以上スタジオダンク）
写真協力●樋口英子／大海 淳／青木宏文／モンベル／ネスレ日本
デザイン●スタジオダンク／奥園智子
イラスト●たむらかずみ
地図製作●溝江 彩
モデル●田村笑美（Satoru Japan）
ヘアメイク●AKIRA MIWA（ポーティス）
編集●スタジオダンク

安心！ 山のぼりバイブル

2011年9月7日　発行

監修●樋口英子
発行者●佐藤龍夫
発行所●株式会社大泉書店
〒162-0805 東京都新宿区矢来町27
電話　03-3260-4001（代表）　FAX　03-3260-4074
振替　00140-7-1742
URL　http://www.oizumishoten.co.jp
印刷●半七写真印刷工業株式会社
製本●株式会社明光社

ISBN978-4-278-04722-6　C0075

落丁・乱丁本は小社でお取り替えします。
本書についてのご質問はハガキまたはFAXでお願いします。　R38